RÉPERTOIRE

DU

THÉATRE DE SOCIÉTÉ

DU

COMTE STANISLAS KOSSAKOWSKI.

───────◦◉◦───────

TOME PREMIER

CONTENANT

1° Tristan de la Rêverie ; 2° Le Mystificateur mystifié ;
3° La Surprise.

───────◦◉◦───────

PARIS

E. DENTU, LIBRAIRE-ÉDITEUR

PALAIS-ROYAL, 13, GALERIE, D'ORLÉANS.

─

1858

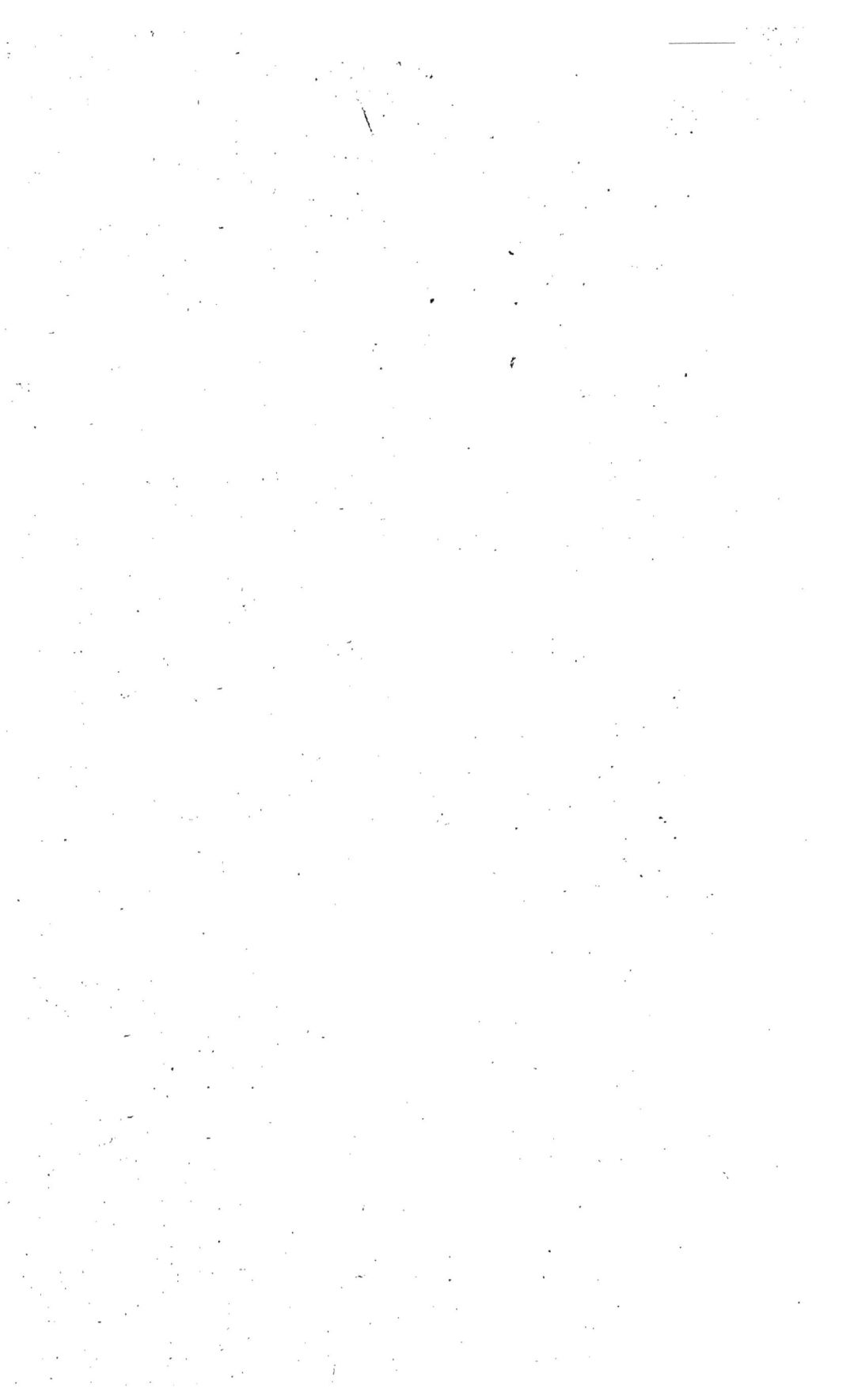

RÉPERTOIRE

DU

THÉATRE DE SOCIÉTÉ

Yf9660

PARIS

IMPRIMERIE DE L. TINTERLIN ET Cᵉ

RUE NEUVE-DES-BONS-ENFANTS, 3.

RÉPERTOIRE

DU

THÉATRE DE SOCIÉTÉ

DU

COMTE STANISLAS KOSSAKOWSKI.

TOME PREMIER

CONTENANT

1° Tristan de la Rêverie ; 2° Le Mystificateur mystifié ;
3° La Surprise.

PARIS

E. DENTU, LIBRAIRE-ÉDITEUR

PALAIS-ROYAL, 13, GALERIE, D'ORLÉANS.

1858
1857

TRISTAN

DE LA RÊVERIE

PARIS

IMPRIMERIE DE L. TINTERLIN ET Cᵉ

RUE NEUVE-DES-BONS-ENFANTS, 3.

TRISTAN
DE LA RÊVERIE

COMÉDIE EN DEUX ACTES

PAR

LE COMTE STANISLAS KOSSAKOWSKI

PARIS

E. DENTU, LIBRAIRE-ÉDITEUR

PALAIS-ROYAL, 13, GALERIE D'ORLÉANS.

1858

PERSONNAGES.

Le jeune Comte TRISTAN DE LA RÊVERIE, 25 ans.

Le vieux Marquis D'AUBUSSON, 65 ans.

ÉVELINE D'AUBUSSON, fille du Marquis, 20 ans.

Mme THÉRÈSE, femme de charge et ancienne nourrice de Tristan, 48 ans.

GOTHARD, vieux serviteur et ancien menin du Comte Tristan, 60 ans.

DOMESTIQUES.

———————

La scène se passe dans le vieux château de Val-de-Rêve, près de Perpignan, il y a dix ans.

TRISTAN DE LA RÊVERIE

—∘∘🙶❀🙷∘∘—

ACTE PREMIER

SCÈNE PREMIÈRE.

Mme THÉRÈSE, GOTHARD

Deux grandes fenêtres à gauche; — deux portes à droite; — une grande porte dans le fond. — Une cheminée entre les deux portes de droite; — des guéridons, des fauteuils. — Mme Thérèse assise et tricotant. — Gothard debout.

THÉRÈSE.

Eh bien! Gothard, l'avez-vous vu?

GOTHARD.

Il est toujours au lit, entouré de bouquins, lisant, écrivant.... Voilà bientôt un mois que cela dure.

THÉRÈSE.

Ça n'a jamais été aussi long.

GOTHARD.

Les volets de sa chambre sont toujours herméti-

quement fermés. Il ne veut connaître ni l'heure, ni
le jour, ni la nuit, ni le quantième. Il faut avouer,
Madame Thérèse, que nous avons là un maître uni-
que dans son espèce, et que cela ressemble furieusement.....

THÉRÈSE.

Vous voulez dire à de la folie.... Non, Gothard, ce
n'est que de l'originalité..... Ce cher enfant..... si
noble..... si bon.... Oui, je suis fière d'avoir été sa
nourrice.

GOTHARD.

Ce château, animé et rempli de monde du temps
de feu M. le comte et de feu Mme la comtesse, n'est
plus visité par personne. C'est fort heureux encore
qu'il ne soit pas hanté..... Les chauve-souris, les
chats-huant, tout ce cortége des esprits, a envahi les
combles et les tourelles.... L'herbe croît dans la cour
et dans les avenues... et sur le grand étang, jadis
habité par des cygnes.... on ne voit plus que des
joncs, que des herbes flottantes, d'où s'échappe un
concert de grenouilles qui répondent en chœur au
solo du hibou !

THÉRÈSE.

Oui, c'est un peu triste, en comparaison des fêtes
d'autrefois, lorsque le marquis d'Aubusson, le cousin de feu M. le comte, arrivait ici avec la marquise
pour y passer des mois entiers. — On jouait la comédie, on dansait... Nous dansions ensemble alors,
M. Gothard, dans cette cour du château, si bien
éclairée par des lampions de couleur, entourés de

guirlandes de verdure..... Quel beau temps!... Nous étions jeunes.... M. Gothard.

GOTHARD.

Et jeunes comme on n'est plus jeune aujourd'hui... Nous vivions au jour le jour... heureux du présent, confiants dans l'avenir!... l'avenir se faisait tout seul, grâce à Dieu... et maintenant, chacun veut bâtir son avenir.... On perd son temps.... les belles années se passent à vouloir ce qui n'est pas, à désirer l'impossible! Cela fait vraiment mal au cœur, de voir notre jeune maître ne s'occuper, lui aussi, que de songes creux.

THÉRÈSE.

C'est bien vrai, M. Gothard, mais son cœur est excellent!

GOTHARD.

J'en conviens, puisqu'il ne nous abandonne pas, nous, les vieux serviteurs de ses parents.... Il est gentilhomme de la vieille roche par le cœur.... — mais la tête, la tête!... C'est, comme on dit dans le pays, de la fumée sans rôti.

THÉRÈSE.

Eh bien! lorsqu'il me parle de ses grandes idées, il me semble que je le comprends....

GOTHARD.

Ah! ben oui. Vous êtes alors plus avancée que lui...

THÉRÈSE.

Il me dit, comme ça, en me câlinant : *Ma bonne*

Thérèse, je veux le bien! et je le crois. *Je voudrais que tout le monde soit riche, Thérèse, que tout le monde soit content!...* Je comprends tout cela, moi!... mais dame! c'est facile à comprendre!... Mais après, lorsqu'il veut m'expliquer et comment et pourquoi..... avec un feu d'artifice de mots que je ne sais pas... oh! alors, c'est fini, je ne comprends plus rien.... Mais je le crois... je le regarde... je l'écoute... Cela me fait tant de plaisir d'entendre sa voix... je tricote, pendant qu'il me parle, et vous voyez, M. Gothard, que je ne perds pas mon temps à l'écouter...

GOTHARD.

Malheureusement, je ne sais pas tricoter, moi; mais j'ai appris autre chose, madame Thérèse, j'ai appris à dormir debout, lorsqu'il me saisit à la boutonnière, après minuit, pour (comme il appelle cela) me développer ses idées et penser tout haut. — Je lui réponds toujours sincèrement par ces mots : *Comprends pas.* — Il a beau me dire que Molière lisait ses comédies à sa cuisinière pour savoir l'effet qu'elles produiraient sur le public.—Je lui réponds, moi, que M. Molière devait avoir des idées comme tout le monde et de ce monde, et qu'un vrai gentilhomme ne doit battre la campagne qu'à la chasse.

THÉRÈSE.

Eh bien! admirez-le; tout autre maître que lui vous aurait renvoyé depuis longtemps, Gothard, et lui, il vous garde, malgré vos brusqueries.... Tenez, voulez-vous savoir mon secret... j'aime mieux qu'il me parle à moi, que de le voir se parler à lui-même, que de le voir se renfermer des mois entiers... car je l'aime, moi, ce cher enfant, comme si j'étais sa mère.

GOTHARD, avec vivacité.

Et moi donc, est-ce que je ne l'aime pas? C'est aussi mon enfant à moi! Si vous avez été sa nourrice, j'ai été son menin!.... Je lui ai appris à n'avoir peur de rien, à tirer juste, à marcher droit, à sauter des fossés, à monter à cheval ou sur des arbres, à jouer aux quilles, au bilboquet, à faire le coucou; que sais-je, moi... Et lorsqu'il est devenu grand, l'ai-je quitté d'un instant, pendant ses leçons avec des maîtres de toute espèce? Qui lui disait de ne pas trop étudier, de faire de l'exercice?... Et puis, dans nos voyages, qui veillait sur sa personne, sur son argent?—Je lui ai toujours dit la vérité, et je la lui dirai toujours !

THÉRÈSE, fâchée, se levant.

Est-ce que je le flatte, moi? Est-ce que je le gâte? Est-ce que je ne l'ai pas tapé dans son enfance?... On dirait que c'est moi qui l'ai gâté ! .. La belle réputation que vous me faites-là.... d'une flatteuse.... Oh ! par exemple!

GOTHARD.

Allons, allons, n'allez pas vous fâcher, madame Thérèse!...

THÉRÈSE.

Non. C'est que c'est ennuyeux de s'entendre répéter tous les jours les mêmes choses.

GOTHARD

Allons, la paix. Si nous recommençons nos scènes, j'aurai toujours raison, moi... car j'ai une voix plus forte que la vôtre... et nous ferions un vacarme à déranger Monsieur...

THÉRÈSE, se rasseyant.

Il a raison, ça dérangerait Monsieur ; eh bien ! parlons bas... Vous disiez donc, M. Gothard ?...

GOTHARD, avec finesse.

Que nous ferions bien de donner un bon exemple à notre maître... en finissant, vous, madame Thérèse, votre long veuvage... et moi, en cessant ma carrière de vieux garçon...

THÉRÈSE, souriant.

Nous ne parlions pas de cela, M. Gothard... Sachez que je consentirais bien à avoir un mari, mais pas un second maître... Tenez, parlons plutôt du marquis d'Aubusson, de sa fille, Mlle Éveline, qui est née dans ce château il y a de cela vingt ans ; on la dit bien jolie... elle devrait nous revenir et pour toujours ; c'était le projet favori de feu M. le Comte ..

GOTHARD.

Oh ! oui, si notre jeune maître voulait, lui, réaliser

ce projet de famille... mais il n'a même jamais voulu aller à Naples, pour ne pas y rencontrer sa cousine...

THÉRÈSE.

C'est qu'il a en haine les demoiselles; du plus loin qu'il en aperçoit une, il l'évite; mais s'il la voyait... Qui sait.

GOTHARD.

M. le marquis avait écrit qu'il comptait passer par ici, en revenant en France, pour revoir notre maître, son ancien pupille... Le vieux notaire Rigobert m'a dit ça... car ils sont toujours en correspondance, lui et le marquis;... mais la Trinité se passe et le marquis ne revient pas...

On entend sonner.

THÉRÈSE.

Oh! mon Dieu, quel vacarme! cette cloche va distraire Monsieur; mais qui peut donc sonner si fort?... On sonne vraiment en maître.

On sonne toujours.

GOTHARD.

Si c'était le marquis; il n'y a que lui au monde qui pourrait se permettre de sonner comme ça!

On sonne toujours plus fort.

THÉRÈSE.

C'est un véritable carillon. Allez donc voir ce que c'est, M. Gothard.

GOTHARD.

Oui, ce doit être M. le marquis; j'en ai le pressentiment.

THÉRÈSE.

Et moi aussi, tenez; mais allez donc voir si c'est lui, M. Gothard... mais allez donc!...

GOTHARD.

C'est lui, j'entends sa voix; c'est lui, c'est lui, c'est M. le marquis... Courons à sa rencontre...

THÉRÈSE.

Oui, volons au devant de lui; oh! mon Dieu, mon Dieu! le cœur me bat d'émotion... Ah! le voici!...

SCÈNE DEUXIÈME.

Les Mêmes. — Le marquis D'AUBUSSON, sa fille ÉVELINE en toilette de voyage.

THÉRÈSE et GOTHARD baisent les mains du marquis en disant :

Oh! Monsieur le marquis!

LE MARQUIS.

A la bonne heure, en voilà enfin qui me reconnaissent! Cette bonne Thérèse, toujours fraîche... Et toi, Gothard, toujours bel homme... toujours grand chasseur, n'est-ce pas?.... Que de choses vous me rappelez, vous autres...

THÉRÈSE, attendrie.

Oh! M. le marquis, ça m'attendrit de vous re-

voir... Je pense à nos bons maîtres, à M. le comte,
à madame la comtesse.... à madame la marquise....
C'est toujours présent là (*montrant son cœur*); mais
notre jeune maître, c'est aussi une perle, monsieur
le marquis, c'est de l'or en barre...

GOTHARD.

Monsieur le marquis n'a donc pas oublié Gothard?

LE MARQUIS.

On n'oublie jamais, mon vieux, les bons souvenirs
de la jeunesse, on y revient toujours avec plaisir...
C'est comme la ritournelle dans la chanson, ça ranime!..... Thérèse, voyez-vous comme ma fille vous
regarde; oui, Thérèse, c'est ma fille, c'est cette petite Éveline qui n'avait que deux ans lorsque j'ai
quitté ce château, il y a dix-huit ans pour la dernière fois... Elle vous rappelle sa pauvre mère, n'est-
ce pas ?...

THÉRÈSE.

Mais c'est qu'elle est vraiment trop jolie, monsieur
le marquis.

ÉVELINE, à Thérèse.

Vous ne m'auriez pas reconnue, vous! et moi, en
vous rencontrant partout, j'aurais dit : oh! c'est
cette bonne Thérèse qui aperçoit sur la tourelle,
près de la girouette, le petit cousin Tristan et qui
demande une échelle pour le sauver! et le bon Gothard qui approche l'échelle pour dénicher M. Tristan, riant sur les toits de leur terreur.

2

GOTHARD, vivement.

Sans moi, sans cette échelle, il était perdu.

THÉRÈSE.

Et sans moi qui l'ai aperçu la première et qui ai
appelé au secours! Mais où avez-vous vu cela, Mademoiselle ?

ÉVELINE.

Dans l'album de maman, un dessin qu'elle a fait
elle-même et qui représente cette scène. On vous y
entend, Thérèse, crier au secours!

LE MARQUIS, à Thérèse.

Comme vous voyez, c'est un tableau parlant.

THÉRÈSE.

Oh! que je voudrais me voir, monsieur le marquis,
dans ce tableau, avec vingt ans de moins!

LE MARQUIS.

Elle vous le montrera, Thérèse, car cet album ne
la quitte jamais. Ah ça!... serait-il donc vrai que
mon neveu Tristan, sans être malade, garde le lit
depuis un mois?

THÉRÈSE.

C'est sans doute le notaire Rigobert qui vous l'a
dit... Oui, monsieur le marquis ; mais j'espère...

LE MARQUIS.

D'abord.... Vous allez me donner mon ancien appartement, qui ne doit pas être occupé ; nous le réveillerons ensuite....

THÉRÈSE.

Votre appartement, monsieur le marquis, est prêt à vous recevoir ; si Mademoiselle veut me suivre, je la conduirai chez elle, pour lui montrer son berceau et lui conter bien des choses....

ÉVELINE.

Qui m'intéresseront vivement, chère Thérèse....

LE MARQUIS, à Éveline.

Celui qui n'éloigne pas les vieux serviteurs, ces témoins de son enfance, a le cœur bien placé et c'est beaucoup.... — (à *Thérèse*) Thérèse, je vous confie ma fille. Eveline, suivez-la, je reste ici avec Gothard....

Elles sortent.

SCÈNE TROISIÈME.

LE MARQUIS, GOTHARD.

Le MARQUIS, s'asseyant et prisant dans sa tabatière.

Eh bien! Gothard, eh bien ! mon garçon, que de choses ont passé dans ce monde, et nous sommes encore debout !... Nous sommes de ce bois toujours vert, qui résiste même aux tempêtes ; mais parlons d'affaires... Je n'ai pas pu m'occuper moi-même de la tutelle de Tristan. Mon ambassade à Naples et des affaires particulières m'ayant retenu en Italie, j'ai donné, vous le savez, mes pleins pouvoirs au vieux Rigobert, notaire de la famille, pour me remplacer. Rigobert a parfaitement arrangé ça, en homme intelligent et en honnête homme, et mon neveu Tristan s'est trouvé, à sa majorité, à la tête d'une fortune de cent mille livres de rente, plus, des capitaux... On peut avec ça faire bien des folies ; mais on le dit rangé et bien dans ses affaires?

GOTHARD.

Oui, monsieur le marquis, nous n'avons, grâce à Dieu, d'autre embarras que celui des richesses.

LE MARQUIS.

Tant mieux; mais que faisons-nous de notre temps?

GOTHARD.

Nous l'avons employé, monsieur le marquis, à voyager en France et à l'étranger ; nous avons vécu en Allemagne avec des rêveurs, en Angleterre avec des économistes, comme les appelle Monsieur, à Paris avec des bavards assez ennuyeux, et ici avec nous-mêmes et avec des bouquins. En avons-nous des bouquins, nous en avons de la cave au grenier; s'ils étaient reliés encore, mais ils ne sont que brochés, et il faut passer son temps à les couper de ci, de là, c'est à n'en pas finir. Monsieur en lit par douzaines, et je ne pense pas, monsieur le marquis, que les bons livres se laissent lire aussi vite.

LE MARQUIS, souriant.

Et mais, ce sont peut-être des ouvrages à la dou-
zaine.... Continuez !... et outre ses lectures ?

GOTHARD.

Oh ! quand vient l'accès des écritures, c'est alors
une véritable maladie, car elle nous fait garder le
lit comme la fièvre, et nous l'avons dans ce moment....

LE MARQUIS.

Je le sais ; mais au milieu de toutes ces lubies....
dites donc, Gothard, point de distractions, point
d'amourettes, point de roman...

GOTHARD.

Nous ne connaissons jusqu'à présent, M. le marquis, d'autres romans que ceux qui sont brochés et
imprimés.

LE MARQUIS.

C'est assez singulier... par conséquent, point de
projet d'établissement...

GOTHARD.

Si fait, monsieur le marquis, mais seulement pour
faire, comme il appelle ça, des expériences sociales.

LE MARQUIS.

Oh ! il veut aussi régenter la société pour l'avancer
à sa manière, oh ! il donne dans ces idées-là ? mais
rien qu'en projets, j'espère...

GOTHARD.

C'est déjà bien assez, monsieur le marquis; c'est même beaucoup trop, — et puisqu'il faut tout vous dire, il a une aversion pour le mariage et une haine carabinée contre les demoiselles..

LE MARQUIS.

Ah ! c'est bon à savoir.

GOTHARD.

Mais ça ne peut pas durer, M. le marquis; lorsque le cœur aura parlé, il chassera de race....

LE MARQUIS.

J'aime à le croire, Gothard, oui, la vie pratique peut seule guérir de la rêverie, qui n'est que la paresse de l'intelligence ; elle fait courir après des fictions, comme les écoliers courent après des papillons, au lieu de faire leur devoir.

On entend la voix de Tristan qui appelle Gothard! Gothard!

Tenez, Gothard, on vous appelle... allez... mais pas un mot sur notre arrivée... entendez-vous ?

GOTHARD, sortant.

Puisque monsieur le marquis l'ordonne, il sera obéi

Il sort.

SCÈNE QUATRIÈME.

LE MARQUIS, seul, marchant.

LE MARQUIS.

Tout ce que l'on m'a dit sur son compte est donc vrai..... Oui, il faut l'arracher à cette existence factice.... Ce serait dommage... avec tout ce qu'il faut pour être heureux.... J'ai bien promis à mon cousin de tâcher de marier nos enfants.... mais si je trouve Tristan incorrigible, je ne lui sacrifierai pas ma fille.... Enfin, nous verrons....

SCÈNE CINQUIÈME.

LE MARQUIS, THÉRÈSE.

THÉRÈSE.

J'ai installé Mademoiselle dans l'appartement de la terrasse; elle est enchantée de la vue de la vallée et elle dessine déjà la tour de la Garenne. Mais quel talent, monsieur le marquis !

LE MARQUIS.

Eh bien ! Thérèse, grande nouvelle, Gothard assiste, je crois, au petit lever de M. le comte Tristan de la Rêverie.

THÉRÈSE.

Dès que mon maître saura votre arrivée....

LE MARQUIS.

Il ne saura rien, je veux qu'il ignore encore notre
invasion. Voyez-le, — rendez-moi compte des dispo-
sitions de son esprit, et après nous aviserons. Je
vais rejoindre ma fille, et je vous attends sur la terrasse.

THÉRÈSE.

Je vais montrer le chemin à monsieur le marquis.

LE MARQUIS.

Je n'ai pas besoin de guide ici, ne suis-je pas en
pays de connaissance avec tous les coins et recoins
du château ?

Il sort par la porte de gauche.

SCÈNE SIXIÈME.

THÉRÈSE seule.

THÉRÈSE.

S'il ne devient pas amoureux, mais amoureux fou
de sa cousine... il n'aimera jamais... Elle m'a déjà
tourné la tête; si belle, si naturelle, si douce. Elle
seule le comprendra.... Mais s'il la fuit ?.... non,
non, c'est impossible ? C'est sa cousine... et puis,

dans sa maison il faudra bien qu'il lui parle, au moins par politesse... C'est qu'il est si extraordinaire !..... mais il vient... reprenons notre ouvrage... pour faire comme toujours....

Elle s'assied et se met à tricoter.

SCÈNE SEPTIÈME.

THÉRÈSE, TRISTAN.

Tristan entre par la porte à gauche, et s'arrête sur le seuil il est vêtu d'un long paletot, cravate dénouée, les cheveux en désordre ; il a des moustaches et une royale, et tient à la main un bougeoir allumé..... -

TRISTAN, lentement.

Oh ! il fait jour encore... Comme la lumière est bleue !.... Elle ne paraît pas naturelle !.... Non, je ne suis pas fait pour le grand jour..... il est triste comme le désert.... il disperse les pensées !.....

Il s'avance et pose d'un air distrait le bougeoir sur un guéridon.

Je me sens faible..... faible d'esprit..... faible de corps.... la vie est lourde, monotone, ridicule.....

Apercevant Thérèse.

Et elle, toujours là, à son ouvrage.... elle ne me voit même pas..... heureuse Thérèse, c'est la vie d'une violette, d'une pensée... attachée au sol qui l'a vu naître....

S'approchant lentement d'elle.

Thérèse, tu me boudes.... Thérèse, regarde-moi
donc....

> S'asseyant à côté d'elle et lui passant le bras autour
> du cou

Ris donc, Thérèse... c'est moi... tiens, j'ai fini......
mais ne me demande pas ce que j'ai fait.... C'est
peut-être sublime, c'est peut-être une bêtise....

> Il se lève et marche.

Je ne veux plus y penser......

> Se rasseyant et avec tristesse.

Un rêve d'avenir, Thérèse, peut-être un rêve pro-
phétique.... tu crois aux rêves, toi ; pas vrai, tu y
crois ? Je veux y croire aussi.... c'est si doux de
croire ! pas vrai, Thérèse....

> Se levant et marchant.

Vois-tu... tu comprendras cela... je veux... je veux
ce que personne n'a encore voulu... je veux le bonheur pour tous et le malheur pour moi !..

THÉRÈSE, vivement.

Oh ! Monsieur, que dites-vous donc là ?...

TRISTAN, revenant s'asseoir à côté de Thérèse.

Ne t'effraie pas, Thérèse, écoute... Je ne veux pas
le malheur qui tue, qui fait mourir, mais celui qui
fait vivre... qui fait sentir la vie...

> Se levant et marchant.

qui fait qu'on la désire, comme le convalescent désire la santé... comme celui qui se noie et qui a
ensuite la joie d'être sauvé .... (s'arrétant) pas vrai,
Thérèse, tu comprends?

THÉRÈSE.

Oui, je comprends, vous voulez désirer quelque chose, Monsieur.

Tristan parle, marche, s'arrête, parle tantôt vite, tantôt lentement, pendant toute cette scène.

TRISTAN.

Appelle cela comme tu voudras, mais écoute. ... Ils ne connaissent pas l'ennui des richesses, ceux qui les désirent..... je veux tout pénétrer, tous les états, toutes les positions, toutes les gloires, toutes les misères, par l'imagination ! Tu comprends, Thérèse?.... La réalité, c'est une triste comédie ou un drame amusant qui se joue extérieurement dans le monde... dans le monde visible, dans le monde qu'on touche.... tiens, ouvre les yeux, Thérèse, regarde cette fenêtre, ces tableaux, et puis ferme-les, mais ferme-les donc, Thérèse!... et maintenant cherche à voir en toi les mêmes choses...... tu les vois, pas vrai, tu vois tout ce château et tous ceux qui l'ont habité et qui ne sont plus... pas vrai... eh bien ! eh bien ! cet œil intérieur, qui te fait voir tout cela, c'est l'imagination... Thérèse.

THÉRÈSE.

Mais c'est la mémoire, Monsieur.

TRISTAN, vivement.

Appelle cela comme tu voudras, mais écoute..... (*lentement*) voir, voir avec ces yeux extérieurs, avec ces yeux visibles, avec ces yeux de chair, ce

qui se passe maintenant à Paris... c'est impossible !
Pour y faire arriver ces yeux-là, que de temps perdu,
même en prenant le chemin de fer, pas vrai.....
(*vivement*) tandis qu'avec mon œil intérieur, je suis
à Paris dans un moment; tiens, j'y suis, demande-moi
ce qui s'y passe..... demande-moi ce qui est partout,
j'y suis aussitôt pour te le raconter... (*lentement*) Tu
conçois, Thérèse, tu conçois la puissance de l'imagination, elle est non-seulement puissante, toute-
puissante, mais créatrice; je puis par elle voir non-
seulement ce qui est, mais ce qui n'est pas, ce qui
sera, car tout ce qui peut être... est.

THÉRÈSE.

Oui, Monsieur, mais en Dieu !..

TRISTAN, impatienté et s'animant.

Appelle cela comme tu voudras, mais écoute.....
Eh bien, par la puissance de l'imagination, je veux
tout pénétrer, je veux tout embrasser... je veux faire
que le pauvre soit riche, se croie riche pour comprendre le néant des richesses, et que le riche se
croie pauvre pour concevoir les charmes de la pau-
vreté, de cet état si riche en espérances, tandis qu'il
n'y a ici-bas aucun espoir pour le riche...

THÉRÈSE.

C'est aussi ce que dit M. le Curé, Monsieur, mais
pour le mauvais riche seulement.

SCÈNE HUITIÈME.

Les précédents, GOTHARD.

TRISTAN, contrarié.

Appelle ça comme tu voudras, Thérèse, mais écoute.... (*apercevant Gothard*). Ah ! voici Gothard... il me comprendra, lui... (*prenant Gothard par la boutonnière*). Pas vrai, Gothard, que le pauvre est plus heureux que le riche ?...

THÉRÈSE.

Et Monsieur qui veut le rendre riche !

GOTHARD.

Comprends pas. Vous voulez donc, Monsieur, le rendre malheureux ?...

TRISTAN, marchant, avec humeur.

Vous embrouillez la question, ce n'est pas ça, ce n'est pas ça du tout... je voulais vous dire... (*s'arrêtant*) que j'exposerai si clairement dans mon ouvrage la situation de toutes les positions sociales... que le riche se croira pauvre et le pauvre se verra riche...

THÉRÈSE.

Eh ! Monsieur, c'est justement ce que demande M. le Curé....

3

TRISTAN, impatienté et marchant de long en large.

Vous embrouillez toujours la question, Thérèse. Ce n'est pas comme cela que je l'entends... je veux... je veux...

GOTHARD.

Tenez, M. le Comte, vous ne saurez jamais ce que c'est que la misère si vous ne l'avez sentie vous-même... si vous n'avez pas éprouvé la faim, le froid, les privations, les fatigues, les peines de chaque état ; on n'apprend pas ça, Monsieur, par les bouquins....

TRISTAN, s'arrêtant tout pensif et regardant Gothard d'un air distrait.

Thérèse !... sais-tu... il a peut-être raison..... Eh bien, c'est décidé, je veux (vivement en marchant), je veux me faire domestique... garçon de ferme, garçon d'écurie, bouvier, ramoneur, mendiant, vagabond.....

THÉRÈSE.

Ta, ta, ta, pour l'amour de Dieu, n'allez pas plus loin, restez, Monsieur, ce que vous êtes...

TRISTAN, s'arrêtant devant Gothard d'un air préoccupé.

Dès ce moment, je veux commencer ma vie d'expérience, je veux joindre la pratique à la théorie.... dès ce moment, je suis, moi, votre serviteur, et vous, vous êtes mes maîtres... (marchant) je vous donne pouvoir sur ce château, pouvoir absolu sur tous les gens et sur ma personne — ordonnez, je vous obéi-

rai.... (*s'approchant de Thérèse, avec douceur.*)
Mais soyez sévère, exigeante, je souffrirai tout... car
je veux souffrir.... moi. .

GOTHARD.

Monsieur, nous vous prendrons au mot !

TRISTAN, marchant.

Vous penserez à tout, vous autres, je ne m'occu-
perai plus de la direction de la maison....

THÉRÈSE, souriant.

Mais, dam, ce sera comme à présent...

TRISTAN, d'un air câlin.

Ne vous moquez pas de moi, Thérèse..... plutôt
de la colère que de l'ironie. Tu es ma bonne maîtresse, toi, je te servirai avec zèle... sois sévère,
je t'en prie, mais pas moqueuse...

THÉRÈSE.

Puisque vous le voulez absolument, Monsieur, eh
bien ! soit. Je suis ici la maîtresse. Gothard ! je vous
confirme dans vos fonctions de majordome... veillez
à ce que mes gens, et surtout M. Tristan, que voilà,
soient mis comme il convient à des serviteurs de
bonne maison.

TRISTAN, assis sur une table et souriant.

Moi m'habiller...

GOTHARD.

Madame, vous serez obéie (*haussant la voix*).

Madame n'aime pas la livrée à la campagne... mais elle exige une tenue soignée et élégante... frac noir... gilet blanc... cravate blanche... gants jaunes... la tête haute, l'air dégagé, ni sournois, ni familier, mais respectueux et convenable... Allez... allez donc, allez ... mais allez donc vous habiller, et au coup de cloche du dîner soyez à votre poste....

TRISTAN, souriant.

Est-il drôle.... il a raison (*se levant*). Allons !.. vous serez obéi.

Il sort.

SCÈNE NEUVIÈME.

THÉRÈSE, GOTHARD.

THÉRÈSE.

Vous m'avez compris, Gothard; c'est bien ! il ne pouvait pas se présenter dans ce négligé devant sa cousine... habillé, il sera charmant ; maintenant il faut vite avertir M. le marquis...

GOTHARD.

Et moi je vais veiller à ce qu'il soit habillé.

FIN DU PREMIER ACTE.

ACTE DEUXIÈME.

SCÈNE PREMIÈRE.

La salle à manger du château avec des portraits de famille ;
— une petite table ronde est servie à gauche.

LE MARQUIS, ÉVELINE, THÉRÈSE, GOTHARD.

ÉVELINE, toilette soignée de jolie femme.

LE MARQUIS.

C'est à merveille (*à Thérèse*), nous sommes censés être chez vous, et vos invités... Le nouveau serviteur aura qui servir.... je jouis d'avance de son étonnement, ah ! il voulait faire ses expériences sociales incognito ; il les commencera devant un public qui saura le juger..... mais je ne vois que trois couverts, j'en réclame un quatrième pour Gothard.

GOTHARD.

Oh ! monsieur le marquis, c'est impossible.

LE MARQUIS.

Puisque votre maître prend votre place, il est juste que vous occupiez la sienne. Je ne crois pas déroger, moi, en vous admettant à ma table, Gothard ; n'avez-vous pas la noblesse de l'âge et de la fidélité.

3.

GOTHARD.

Monsieur le marquis, de grâce...

LE MARQUIS, avec douceur.

Allons, je l'exige.

THÉRÈSE.

Et moi aussi, m'asseoir à côté de Mademoiselle!

LE MARQUIS.

Mademoiselle.. mais rappelez-vous donc, Thérèse, que ma fille est restée à Naples, qu'elle n'est pas ici, et que vous aurez l'embarras de faire les honneurs du château à madame la marquise d'Aubusson, ma seconde femme.

THÉRÈSE.

Oh ! c'est parfait, monsieur le marquis.

LE MARQUIS.

Puisque l'on joue ici la comédie, je veux que ma fille ait aussi son rôle, un rôle d'ambassadrice. Elle s'en acquittera bien, je l'espère, car elle fait déjà depuis deux ans les honneurs de mon salon. — Ah ! monsieur mon neveu, vous détestez les demoiselles, vous les fuyez sans les connaître ; nous verrons comment vous vous tirerez de cette rencontre.

THÉRÈSE.

Peut-on faire servir M. le marquis?

LE MARQUIS.

Et pourquoi pas? je crois même que nous ferons
honneur à votre dîner.. qu'en dites-vous, marquise?
Pénétrez-vous bien, Éveline, de votre nouvelle position ; votre toilette est fort bien... vous devez être
un peu coquette, et moi mari jaloux...

ÉVELINE, riant.

N'avais-je pas raison, en vous engageant à passer
par ici...

THÉRÈSE.

M. Gothard, faites sonner le dîner ; mais viendra-
t-il ?..

GOTHARD.

Je l'espère, il est déjà habillé, et c'est l'essentiel ;
il viendra, je crois, car sa toilette lui rappelle qu'il
n'est plus le maître ici.

On sonne le dîner.

LE MARQUIS, à Thérèse.

Mais ne le ménagez pas, grondez-le... s'il fait le
distrait, et vous, Éveline, ne soyez pas trop rieuse,
ça nous trahirait.

SCÈNE DEUXIÈME.

LES MÊMES ET LES GENS AVEC LE SERVICE.

GOTHARD, aux domestiques.

Approchez les siéges, le vin de Champagne est-il
frappé... C'est bien... allons, à vos places..... (haut)
Madame la marquise est servie !

LE MARQUIS, s'asseyant.

Allons, Thérèse, je me mets à votre droite, en face de la porte, je veux voir son entrée. Éveline, mettez-vous là, à gauche de Thérèse.... oui, le dos tourné à ceux qui doivent venir... allons, Gothard.. asseyez-vous à côté de madame la marquise. C'est ça.

On se met à table.

ÉVELINE, avec bonté.

Approchez-vous de moi, M. Gothard. Est-ce que je vous fais peur ?

GOTHARD.

C'est le monde renversé, Mademoiselle, c'est toute une révolution.

ÉVELINE.

Si les révolutions ne plaçaient que de braves gens comme vous à nos côtés, nous nous accoutumerions bientôt à ce bon voisinage.

GOTHARD.

Ah ! Mademoiselle !

ÉVELINE, souriant.

Dites donc au moins, ah ! madame la marquise !

LE MARQUIS, à Thérèse.

Le potage est excellent, on voit que la providence de cette maison s'y connaît en bonne chère...

SCÈNE TROISIÈME.

Les mêmes, TRISTAN, tenue de gentleman ; il ouvre la
porte de droite et s'arrête étonné sur le seuil.

LE MARQUIS, bas.

Le voilà... il me rappelle sa mère.... mais il est
fort bien !...

Tristan s'appuie contre la muraille, les mains derrière
le dos ; il appelle un valet de pied avec un signe du
doigt ; le valet fait semblant de ne pas l'apercevoir.

(Le marquis, haut à Thérèse.)

Non, ma femme ne mange jamais de petits pâtés.

TRISTAN, à part

Sa femme, la femme de qui ?

THÉRÈSE.

Madame la marquise me permettra de lui servir
de cette friture... ça lui rappellera l'Italie.

TRISTAN, à part, étonné.

Madame la marquise... quelle marquise ?...

LE MARQUIS, haut.

Ma femme se réserve pour les macaronis, qui ont
une physionomie tout à fait napolitaine..... Dites
donc, Madame Thérèse.. mon neveu veut décidé-

ment renouveler l'histoire de la belle au bois dormant.

TRISTAN, s'approchant lentement de la table, à part.

Ça ne pouvait être que mon oncle... mais je ne le savais pas remarié...

LE MARQUIS, haut.

Ma fille Éveline, qui aime tant ce que nos voisins appellent des excentricités... aurait bien ri si elle était ici, en apprenant qu'elle a un cousin si endormi.... Marquise, lorsque vous lui écrirez, faites-lui une description de nos aventures dans ce château....

ÉVELINE, riant.

Je serais bien curieuse aussi de voir ce neveu si original...

TRISTAN, à part.

C'est donc décidément une tante... elle a une voix bien douce. . elle doit être jolie.... (*se plaçant derrière Gothard*) , mais c'est qu'elle est ravissante !. .

LE MARQUIS.

Après les fatigues du voyage, vous devriez, marquise, prendre un peu de ce vin de Bordeaux qui est excellent...

Tristan prenant sur la table une bouteille, verse à boire dans le verre d'Eveline.

ÉVELINE, le regardant avec un sourire, dit au marquis :

A l'heureux réveil de mon neveu...

TRISTAN, d'une voix douce.

Merci, ma belle tante, merci !...

LE MARQUIS, jouant l'étonné.

Quoi, ce serait là mon neveu ; mais chut, marquise, prenez bien garde de le réveiller. C'est dangereux... il est sans doute dans son accès de som-
nambulisme....

GOTHARD se lève, cède sa place à Tristan, et dirige le
service.

Mettez-vous là, monsieur le comte.

TRISTAN, prenant la place de Gothard à côté d'Eveline, la
tête appuyée sur son bras accoudé, s'adresse doucement à
Éveline en souriant d'un air mélancolique.

N'ayez pas peur de moi, belle tante... Si c'est un
rêve que de vous voir, ne me réveillez pas... Je ne
savais pas que j'avais une tante, une tante aussi...
Vous n'avez pas peur de moi, pas vrai...

THÉRÈSE.

A la santé de M. le Marquis !

TRISTAN, d'un air sentimental.

Mon oncle, à votre santé, à celle de ma belle
tante ! C'était si vide ici... Ma belle tante, il y a
dans toute votre personne quelque chose de si
suave... c'est l'expression naïve de la première manière de Raphaël, et le dessin parfait de la dernière.

ÉVELINE, souriant.

Prenez garde, mon neveu, de vous réveiller...

LE MARQUIS, souriant.

Ah ça! mon neveu, il faut que vous sachiez que je suis un peu jaloux ; je vous en avertis, pour éviter des scènes fâcheuses entre nous... Tenez, ne regardez pas tant la marquise, mais tournez vous un peu de mon côté pour que je puisse trouver dans vos traits...

TRISTAN, se tournant d'une manière à montrer son profil au marquis.

On dit que je ressemble à mon père par l'oreille, pas vrai ?

ÉVÉLINE, riant.

Par l'oreille, comme c'est original....

TRISTAN, souriant.

Pas vrai, que je lui ressemble par l'oreille?... Dans l'oreille, voyez-vous, ma tante..... est tout le caractère, l'homme timide, la gazelle, l'écureuil, le lièvre ... ont tous l'oreille développée pour saisir le moindre bruit, pour fuir le danger.... tandis que l'aigle a l'oreille d'un Attila, d'un Alaric... une oreille de rien du tout... une oreille de barbare, qui fuit la musique, qui est sourde au cri de détresse de ses victimes, pas vrai...

ÉVELINE, riant.

Dites-moi donc, mon neveu, mon caractère d'après mon oreille... ai-je aussi l'oreille d'un Alaric....

TRISTAN, souriant et d'un air sentimental.

Votre oreille..... elle est harmonieuse, pas vrai,

mon oncle qu'elle est harmonieuse? Elle est sensible... elle distingue toutes les notes du cœur... elle en apprécie tous les motifs les plus mystérieux... tenez, c'est l'oreille... l'oreille d'Agnès Sorel..

LE MARQUIS, riant.

Il est impayable.

TRISTAN, d'une voix insinuante.

Pas vrai, d'Agnès Sorel, d'Héloïse ou de Laure.....

LE MARQUIS.

C'est ça, et moi, j'ai les oreilles à la Pétrarque.....

TRISTAN, tendrement.

Oui, belle tante, vous avez l'oreille d'Héloïse.... une oreille poétique, rêveuse.

LE MARQUIS.

Je parie qu'il a écrit tout un système sur les oreilles.

TRISTAN, animé et vivement.

Ecrire... c'est une déception que d'écrire ; on ne sait jamais vous lire.... c'est l'expression... c'est la voix de l'âme qui vibre et qui fait pénétrer l'idée jusqu'au cœur... Quelle foule de grands écrivains! Et où sont donc les grands acteurs?... Oui, l'acteur est plus que l'auteur.... l'auteur ne fait que le dessin, le croquis, tandis que l'acteur.... l'acteur sublime, donne la couleur, le mouvement, l'âme, la vie, par le souffle de son génie... Sans lui la parole est muette, morte ; ce n'est plus que la lettre qui tue....

4

ÉVELINE.

Je voudrais, mon neveu, vous avoir pour lecteur.

TRISTAN, d'un ton sentimental,

Vous me comprenez , vous , belle tante.... entre l'auteur et celui qui sait le lire... il y a une parenté intime d'intelligence.... un mot peut être lu de mille et mille façons, et il n'y en a qu'une qui est la bonne.

ÉVELINE.

Sans doute, on peut dire même un *oui* ou un *non* de tant de manières différentes.....

TRISTAN, la regardant avec un doux sourire.

Vous n'êtes pas créée, vous, pour dire non.

ÉVELINE.

Comment ça, mon neveu ?

TRISTAN, d'un air tendre.

Car vous êtes bonne, douce, car vous êtes belle, comme un oui.... comme un oui.... (*s'animant*), le oui, c'est la bonté, la douceur, la beauté, tandis que le non (*s'animant de plus en plus*) est quelque chose , de méchant, de hideux , c'est un nain , un bossu, une porte fermée, une sorcière... une ruine, une négation. C'est le néant , c'est la nuit... (*doucement*) et le oui, le oui, même irrévocable, s'appelle aussi le plus beau jour de la vie... pas vrai ?

ÉVELINE, souriant.

Mais on appelle aussi certain oui, le oui fatal.....

TRISTAN, souriant, d'un air préoccupé.

C'est vrai... ah ! mais c'est très-profond... c'est très-mystérieux ce que vous dites-là, ma tante.... (*au marquis*) pas vrai, mon oncle ?...

LE MARQUIS.

Ce n'est pas très-flatteur pour un vieux mari comme moi !... Tristan, n'oubliez pas que je suis jaloux et soupçonneux... (*A Thérèse*) Allons, ça marche...

TRISTAN, vivement.

La jalousie, mon oncle, mais c'est très-heureux en ménage... la jalousie, c'est une boutique, un bazar d'émotions... ça réchauffe la vieillesse.... C'est un drame continuel. (*Doucement*) C'est aussi la seule poésie du mariage... on ne s'ennuie jamais à deux, avec la jalousie en tiers.... pas vrai ? mon oncle. (*Vivement*) Elle multiplie, elle invente, elle personnifie une ombre, un souffle, un soupçon... elle est éminemment créatrice ?...

ÉVELINE, souriant.

Vous en parlez, comme si vous l'aviez inventée.

TRISTAN, avec abattement.

Rien ne s'invente, ma belle tante, tout est ; tenez, il n'y a même pas de mensonges... le mensonge c'est ce qui est autre part ou dans un autre temps, c'est une histoire incomplète ou une prophétie non encore réalisée.

LE MARQUIS, se levant.

Ah ça! mon neveu, vous êtes, je le vois, le champion des causes condamnées par la raison...

Tous se lèvent.

TRISTAN, souriant.

Vous voulez dire le Don Quichotte de la philosophie... oh! elle existera toujours, cette chevalerie errante des idées.

LE MARQUIS.

Et qui prendra toujours aussi des moulins à vent et des girouettes pour des géants et des génies... Mais au nom de quelle dame combattez-vous? Quelles sont vos couleurs, messire chevalier?....

TRISTAN, d'un air rêveur.

La dame, la dame de mes pensées était pâle.. maladive... étiolée....Ses couleurs étaient vagues, changeantes, insaisissables.... mais aujourd'hui (*regardant Éveline*) le voile qui la cachait...

LE MARQUIS, souriant.

Gare à elle, si elle vous montre le bout de l'oreille! vous lui direz aussitôt : Je te reconnais, beau masque...

TRISTAN, d'un air distrait.

Beau masque.... beau masque.... Vous croyez donc, mon oncle, que cela commencera par une intrigue de bal masqué.....

LE MARQUIS, souriant.

Tenez, je vois la scène à Venise ! Un clair de lune.... une gondole qui glisse... qui passe... comme.. comme une pensée d'amour... sous le pont des soupirs......

TRISTAN, rêveur et souriant.

Une pensée d'amour !.... c'est joli......

LE MARQUIS.

Mais rien n'échappe à la jalousie d'un vieux sénateur, livide comme la haine ou comme l'amour inquiet de la vieillesse ; il fait suivre la gondole par des sicaires armés de poignards..

TRISTAN.

Qui se cachent sous les ombres d'un portique.... pas vrai...

LE MARQUIS.

C'est ça... de la gondole mystérieuse s'élance, couvert d'un manteau, le chapeau rabattu, un jeune homme.... il s'arrête... il lève les yeux au-dessus du portique.... il regarde une fenêtre... un balcon !... Bientôt une petite main blanche et tremblante entr'ouvre la fenêtre, elle tient un billet... il s'échappe... il vole... il va toucher le pavé...

TRISTAN, vivement.

Je le saisis.

LE MARQUIS, souriant.

J'en suis fâché pour vous, les sicaires s'élancent sur vous et vous ôtent la vie.

4.

TRISTAN, avec gaîté.

Non, pas du tout... car c'est moi qui les attaque et les disperse....

LE MARQUIS.

Bravo... mais ils reviennent sur vous plus acharnés et plus nombreux... Ils vous poursuivent jusqu'au bord de la mer.

TRISTAN, vivement.

Je la traverse à la nage pour gagner le Lido..

LE MARQUIS.

Ah ! c'est comme Byron, bien! mais plusieurs gondoles, noires comme des cercueils, vous atteignent déjà....

ÉVELINE, souriant à son père.

Grâce, grâce, laissez-le se sauver...

TRISTAN, avec finesse.

Merci, belle tante, merci... je suis sauvé. Mais, mon oncle, ce n'est pas fini, n'est-ce pas ?...

LE MARQUIS, souriant.

Allons, comme il faut une fin à tout... le jeune caballero prend le billet et le lit au clair de la lune.

TRISTAN, vivement.

Cela devient excessivement intéressant... Eh bien, mon oncle... de grâce, le billet... lisez-le donc...

LE MARQUIS, avec malice.

Jugez de son étonnement, de sa douleur, de son désespoir, en apprenant par ce billet que *donna Faliera*, car c'est, je crois, son nom, n'est pas encore l'épouse du vieux sénateur, qu'elle est encore libre, et qu'elle n'est que sa pupille, ou...

TRISTAN, souriant.

Mais, bien au contraire, il s'en réjouit fort....

LE MARQUIS, jouant l'étonné.

Vous me surprenez ! je croyais, moi, qu'en entrevoyant la possibilité d'un dénouement légitime, il trouverait l'aventure trop banale pour un chevalier qui ne vise qu'à l'impossible.....

TRISTAN s'approche en riant du marquis.

Mon oncle, vous avez beaucoup d'esprit, et ma cousine est adorable... (*Il lui prend la main*).

ÉVELINE, souriant.

Mon neveu, vous devriez être plus respectueux pour votre tante...

TRISTAN, haut et vivement.

Ah ça, ma tante, c'est dit, je vous enlève... c'est décidé, on ne vient pas impunément dans un château du moyen âge, dans un château mystérieux avec des trappes, des souterrains et des oubliettes... On n'en sort plus.... j'enchaîne mon oncle pour la vie, pour vous retenir avec lui.

LE MARQUIS, à sa fille.

Eh bien, en vieux diplomate, ne t'avais-je pas prédit, Éveline, que ta curiosité, que ton désir de passer par ici amènerait quelque dénouement fort sérieux.... tirez-vous de là comme vous pourrez.

TRISTAN, à Eveline avec amour.

De grâce, votre jolie main, ma cousine. (*Avec une douce langueur*) N'êtes-vous pas née ici.... dites que vous êtes chez vous.... tout ce qui respire ici vous appartient... par droit de naissance... pas vrai ? et par droit de conquête aussi.....

LE MARQUIS, à Thérèse.

Pas mal... je crois même que c'est senti....

ÉVELINE, avec malice.

Il faudrait bien du temps, mon cousin, pour me convaincre de la constance de vos sentiments..... pour connaître le caractère de celui qui ne voit dans le mariage d'autre salut contre l'ennui que la jalousie, et qui n'aperçoit dans le mensonge qu'une réalité non encore réalisée.

TRISTAN, vivement.

Oh ! permettez, cousine, le mensonge ne vient pas de moi... je n'ai pas le mérite de l'invention, je n'ai pas inventé, ma tante, moi... je n'ai eu que le mérite de découvrir la vérité dans la fiction...

ÉVELINE, avec coquetterie.

C'est vrai... mais la jalousie m'épouvante...

LE MARQUIS, souriant.

Fiez-vous à mon expérience, ma fille, c'est elle qui
me rassure.

ÉVELINE, avec finesse.

Vous croyez, mon père?... mais si le chevalier de-
venait renégat à sa foi... infidèle...

TRISTAN, souriant,

Devenu Arabe du désert, il ne quitterait plus *sa
tente.*

ÉVELINE, riant.

Ah! je ne serais même pas fâchée de vous voir
infidèle à vos idées passées.... si ça pouvait vous
rendre constant dans l'avenir.

TRISTAN, vivement.

Ne craignez plus mes idées d'autrefois, chère Éveline, elles étaient le résultat d'un esprit aventu-
reux... (*souriant*) Celles que vous m'inspirerez seront
toujours légitimes.

LE MARQUIS, d'un air enjoué.

Allons, Éveline... c'est dit, je lui accorde ta main,
je n'ai plus rien contre lui, s'il se fait même légiti-
miste... Et nous, Thérèse et Gothard, nous serons ici
en pleine restauration... du château... Je vous arran-
gerai ça, moi....

THÉRÈSE.

Oh! mon Dieu, quel bonheur! quelle bénédiction...
Mais, Mademoiselle... dites-lui donc comme on le disait autrefois, ce *oui*... qu'on n'oublie jamais.

TRISTAN, prenant la main d'Éveline.

Et qui sera aussi le plus beau jour de ma vie !...

ÉVELINE.

Vrai, eh bien... oui....

TRISTAN, lui baisant la main tendrement.

Je vous l'avais bien dit... vous êtes belle comme un oui...

ÉVELINE, souriant.

Mais je ne veux dans ce château, ni vos nains, ni vos sorcières...

TRISTAN.

Demandez à Thérèse si je sais dire non... pas vrai, Thérèse ?

ÉVELINE.

Tenez, je vous crois...

TRISTAN, à Thérèse avec bonté.

Toi, tu ne seras pas jalouse d'elle... tu ne nous quitteras pas... je lui apprendrai à t'aimer et à aimer aussi ce cher Gothard.

ÉVELINE, s'approchant de Tristan.

Vous n'aurez rien à m'apprendre à cet égard... ce sera entre nous, Tristan, une rivalité d'attachement et de reconnaissance pour ces bons amis...

GOTHARD ET THÉRÈSE, leur baisant les mains.

Ah ! nos chers maîtres !...

GOTHARD.

Madame Thérèse, et l'exemple que nous devions
donner ?.....

THÉRÈSE.

Mais, dam, il faudra peut-être le suivre... mais
ne pensons qu'à nos maîtres, maintenant.

LE MARQUIS.

Mes enfants, mon bonheur dépend de votre
bonheur... je vous ferai connaître, moi, les réalités
de la vie, et vous, vous me ranimerez par vos jeunes
espérances... J'ai la conviction que Tristan sera un
excellent mari, un père de famille exemplaire, qu'il
deviendra un homme utile sans cesser d'être bril-
lant...

La vie réelle, la vie des devoirs positifs, c'est ce
qui lui manquait. Il saura un jour que les devoirs,
nés des principes religieux inébranlables, sont les
seules garanties contre les écarts de l'imagination et
les séductions du cœur ; les devoirs, mes chers enfants, sont comme ces bras placés aux lieux où se
croisent les routes, ils indiquent aux voyageurs le
vrai chemin qu'ils ont à suivre pour ne pas s'éga-
rer.

FIN DE TRISTAN.

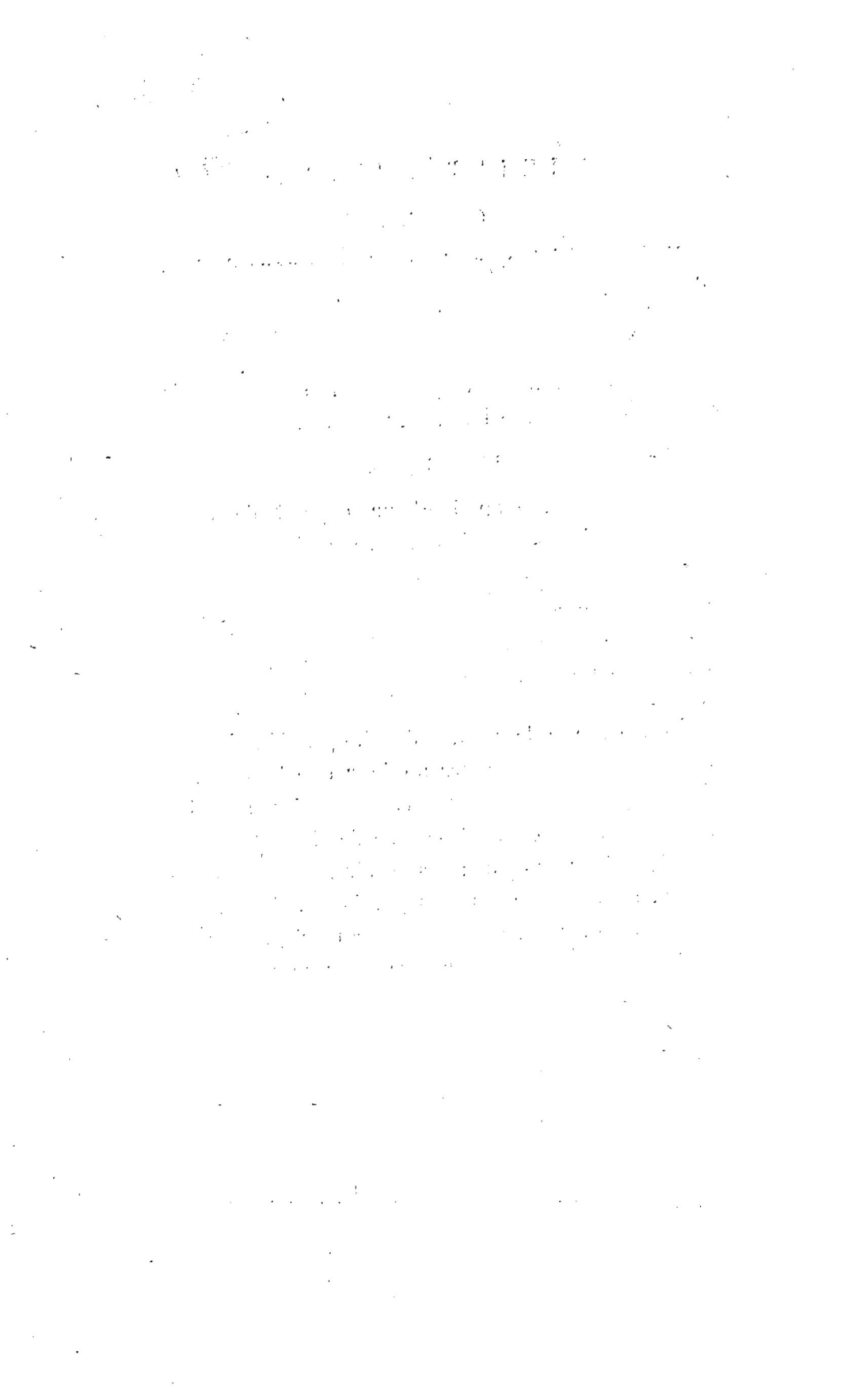

LE

MYSTIFICATEUR

MYSTIFIÉ

PARIS

IMPRIMERIE DE L. TINTERLIN ET Ce

RUE NEUVE-DES-BONS-ENFANTS, 3.

LE

MYSTIFICATEUR

MYSTIFIÉ

COMÉDIE–FARCE EN UN ACTE

PAR

LE COMTE STANISLAS KOSSAKOWSKI

PARIS

E. DENTU, LIBRAIRE-ÉDITEUR

PALAIS-ROYAL, 13, GALERIE D'ORLÉANS.

—

1858

PERSONNAGES.

LE CAPITAINE GROS-BOIS, 60 ans, grande moustache, tournure de vieux troupier, redingote bleue, ruban à la boutonnière.

COLAS, Icarien, 30 ans, paletot-sac à carreaux rouges et verts, grande barbe, cheveux longs.

MICHON, mari de Mme Michon, 50 ans, en casquette et en paletot.

JULES PERDREAUX, commis-voyageur, 25 ans, paletot de nankin, pantalon idem, escarcelle de voyage en sautoir.

LOUIS BONBON, garçon restaurateur sur le bateau à vapeur, 23 ans, jaquette bleue, serviette en tablier.

BERGMAN, artiste, joueur d'harmonica, 40 ans, long pardessus gris clair, les cheveux ébouriffés.

Mme MICHON, 40 ans, rouge, grande, massive, toilette prétentieuse, poches remplies d'objets divers et fort apparentes.

Mlle ASPASIE MICHON, sa nièce, 20 ans, maigre, pâle, les cheveux en tire-bouchon.

———————

La scène est sur le bateau à vapeur qui va de Rouen au Havre, dans le salon des voyageurs. Sur le second plan, à gauche, une table servie; à droite, la rampe de l'escalier qui mène au pont; chaises et banquettes. En 1842.

LE

MYSTIFICATEUR

MYSTIFIÉ

------ ❦❀❦ ------

SCÈNE PREMIÈRE. *

Louis, garçon restaurateur, une serviette à la main, nettoie
les assiettes et les place sur un guéridon à droite. —
Bergman, à gauche, est assis et a posé son instrument à
côté de lui sur une autre chaise.

BERGMAN, LOUIS.

LOUIS, à part.

Depuis deux ans, c'est-à-dire depuis l'an de grâce
1840, le grand artiste que voilà *(montrant Bergman)*
monte deux fois par mois sur notre bateau à vapeur
pour aller de Rouen au Havre et du Havre à Rouen.
Tel que vous le voyez, c'est un grand mystère, il ne
dit jamais le mot. Je suis pourtant dans ses bonnes

---

* Bergman, Louis.

grâces, car il me montre les dents en me voyant et il fronce le sourcil en me quittant.

On ne part que dans une demi-heure, et il est déjà ici avec son instrument, un harmonica avec trompette ; mais, tiens, il l'a mis sur une chaise à côté de lui.... je vais m'asseoir dessus, cela le fera peut-être parler.

Louis s'asseoit sur la chaise et fait gémir l'instrument.

BERGMAN

Oh ! mein instrument !

LOUIS, riant.

Il a parlé !

BERGMAN, lui montrant le poing.

Ah ! mein instrument !

LOUIS.

Il prend bien la plaisanterie. Voulez-vous, *mein herr*, bière, vin, limonade ?

BERGMAN.

Ah ! mein instrument !...

LOUIS.

Il croit que son instrument est gâté. Non.... mein herr.... pas gâté.... jouez.... essayez.... allons, un petit air (*à part*), il montre les dents, il n'est plus fâché.

BERGMAN.

Ah ! mein instrument !

Il essaie son instrument en faisant des accords et en commençant la *Monaco* en riant.

LOUIS.

Bravo, bravo! mein herr.

Bergman continue à jouer la *Monaco.*

LOUIS.

Bravo! c'est ça...

Il danse la contredanse avec son tablier, en contrefaisant une dame. Bergman, excité, se met à rire,
se lève, et danse vis-à-vis de Louis.

LOUIS, chantonnant et dansant.

Bravo, c'est ça, courage. Bravo, mein herr... fer-
mez la bouche... dissimulez le ventre... tendez le
jarret; traversez, c'est ça... balancez!...

SCÈNE DEUXIÈME *.

LES MÊMES ET JULES PERDREAUX.

Jules Perdreaux entre en riant, une canne à la main, se
met aussi à danser. Il prend Bergman par les épaules
et le fait asseoir en disant: *Sans balancer, asseyez-vous.*
Bergman continue de jouer, et Jules danse avec des con-
torsions, le chapeau sur la tête, en chantant :

A la Monaco
L'on chasse et l'on déchasse,
A la monaco
L'on chasse bien...

Ouf... (*se jetant sur une chaise*), mais je ne me

* Deuxième plan. Bergman; premier plan. Jules, Louis.

trompe pas!... c'est Louis Bonbon, mon camarade d'école... Que fais-tu ici avec ce tablier?...

Bergman cesse de jouer.

LOUIS, d'un air digne.

Je suis devenu officier de bouche dans la marine à vapeur.

JULES.

Marmiton ?

LOUIS.

Oh! non, pas si près du feu, mais plus près de la bouteille.

JULES.

Garçon restaurateur, marchand de fricots? Après tes brillantes études au collége, tu ne pouvais choisir une plus belle carrière... Servir des farces et des brioches !

LOUIS.

Et toi en faire. Va, au collége, nous étions de même force; mais quelle est ta noble vocation... à toi, M. Jules Perdreaux?

JULES.

Les voyages, mon cher, aux frais du trésor... du trésor... d'un fabricant en gros de stéarine.

LOUIS.

Ah! M. Jules Perdreaux voyage en éclaireur?...

JULES.

C'est ça, en répandant les lumières... je finirai par
devenir membre de quelqu'académie, car j'ai dans
ma cervelle un ouvrage sur le magnétisme animal et
sur les tables tournantes... Avec ça, vois-tu, on
tourne la tête au monde civilisé...

LOUIS, souriant.

Ah ! ne touche pas aux tables, car tu le sais, c'est ma
spécialité ; mais quant au magnétisme... animal !...
je te l'abandonne....

JULES.

Hé !... je crois que tu folichonnes avec les mots...
prends-y garde, mon garçon... car entre nos deux
positions sociales, il y a au moins trois étages... cependant, comme camarades d'école, vois-tu, on se
passe bien des choses dans le tête-à-bête... mais si,
devant le beau monde, tu osais me manquer !.. je ne
te manquerais pas, moi...

LOUIS, riant.

C'est entendu, mon bourgeois, lorsque tu m'ap-
pelleras : hé ! garçon !... je te répondrai, monsieur le
marchand de chandelles veut-il des allumettes au feu
d'enfer, ou des chandelles au macaroni ?...

JULES.

Je vois avec plaisir que tu manies la phrase avec
goût... tiens, nous pourrions, en faisant semblant
de ne pas nous connaître, faire ici quelques farces

qui passeraient en proverbe. (*Montrant Bergman.*)
Tiens, pour commencer, veux-tu berner ce colosse
de Rhodes... ou pour mieux dire cette statue de
Memnon, car ça produit aussi de certains sons...

LOUIS.

Oh! non, pour celui-là, décidément non, regarde
son bras et son poignet.

JULES.

Comment donc! tu iras loin avec ton esprit de
prévision!... mais tiens, j'ai vu là haut sur le pont
une excellente pratique. C'est une grosse dame avec
sa nièce... La grosse m'a l'air passablement... et la
nièce extraordinairement niaise. Elles parlaient des
tables tournantes avec amour et conviction. J'ai
appris qu'une certaine table de noyer est chez elles
l'oracle de la maison, — je leur ai lancé quelques
mots sur les évocations et le magnétisme qui les ont
fait frissonner, — je leur ai ensuite fait des yeux de
baleine à effrayer un requin, et puis je leur ai tourné
le dos *.

LOUIS.

Te voilà bien avancé.

JULES.

Écoute, ce n'est pas tout, — je me suis placé derrière un tas de sacs de voyage, à deux pas d'elles, et

---

* Deuxième plan, Bergman; premier plan, Louis, Jules.

j'ai entendu le dialogue suivant entre la grosse et la maigre.

LOUIS.

Voyons.

> S'asseyant à califourchon sur une chaise.

JULES, debout, en contrefaisant tantôt la grosse, tantôt la maigre, change de côté et de voix, et répète chaque fois ces mots: *La grosse, la maigre.*

La grosse. Ce pauvre garçon, comme il est chétif. Si on le mettait à mon régime, il serait gras comme du veau de Pontoise. — *La maigre.* Ah fi! ma tante. — *La grosse.* Tiens, tout le monde n'est pas bête comme toi. — *La maigre.* Merci, ma tante, pour le compliment. — *La grosse.* C'est une vérité, Aspasie. — *La maigre.* Lorsque je serai mariée, vous verrez. — *La grosse.* Tu ne te marieras jamais, car tu épluches les hommes. — *La maigre.* Ma tante, je n'ai épluché personne. — *La grosse.* Tiens! et le beau marchand d'andouilles, M. Astolphe Merluchon! si passionné, si bon genre....

LOUIS.

Oh! elle est fameuse (*riant*), mais elle est de ton invention...

JULES.

Parole d'honneur, je ne mens jamais.... ce que je te raconte est à la lettre, vrai... mais écoute la suite... La maigre a répondu, mais je n'ai pas entendu ce qu'elle a dit, car un gros capitaine qui était là a éternué et toutes les deux lui ont dit : à vos souhaits.

Jules contrefaisant avec vivacité.

La grosse. Aspasie, tu ne trouveras jamais un meilleur parti à Sainte-Menehould. —*La maigre.* Je veux, ma tante, un homme riche, très-riche, je veux de la fortune, je veux de la distinction... je veux sortir du petit commerce, je veux entrer dans la haute finance et dans la haute société. — *La grosse.* Ciel ! est-elle bête avec ses idées aristo !... mais c'est de la démence, Aspasie, c'est de la folie !... — *La maigre.* C'est de la raison, ma tante (*d'une voix mystérieuse*) ; j'aurai, je trouverai ce que je cherche... —*La grosse.* Qui te l'a dit ? — *La maigre.* La table de noyer ! — *La grosse, étonnée.* Oh ! la table de noyer !

LOUIS, riant.

Ah ! les bûches !

JULES.

Là-dessus, je me lève, et je passe devant elles, les mains dans mes poches comme si je pétrissais des millions, en faisant sonner quelques gros sous.

LOUIS.

C'est ça !

JULES.

Regarde !... je bâille ensuite comme ça, à me démantibuler la mâchoire... et je dis... soi-disant à moi-même... Oh ! que c'est bête d'être si riche ! Tu vois, c'est tout à fait dans le style Loubarto.

LOUIS.

Eh bien ! après ?

JULES.

Puis, prenant ma canne comme ça, dans ma bouche, je lui fais de côté, à la maigre... des yeux de
porcelaine... je roucoule du regard, et crac, je lui
tourne encore une fois le dos.

LOUIS.

Et tu reviens aux écoutes ?

JULES.

Tu y es... et alors, j'entends de nouveau la maigre
qui dit :

Jules contrefaisant avec vivacité.

La maigre. Oh ! ma tante ? Avez-vous vu , avez-
vous entendu... — *La grosse.* Quoi, qui ? — *La
maigre.* Mais c'était lui !...—*La grosse.* Qui, quoi ?...
— *La maigre.* Mais l'homme aux millions... celui
qu'a indiqué la table de noyer... l'homme au magnétisme... l'homme aux évocations... l'homme des romans... qui, semblable au Juif-Errant, n'a besoin
pour être fixé que de rencontrer celle...

JULES, continuant.

Ici le gros capitaine, sans doute enrhumé, a encore
éternué... puis un tohu bohu sur le pont... et je n'ai
plus entendu que les mots incohérents table, magnétisme, pieds de cochon... l'homme aux millions...
et puis... cherchons-le... cherchons-le, où est-il?...

6

Là-dessus je me suis évaporé et me suis coulé ici-bas où je t'ai trouvé dansant avec Memnon.

LOUIS, se levant

Oh ! mais je connais ces dames. La grosse est probablement la célèbre Mme Michon, qui a à Sainte-Menehould ce grand établissement de pieds de cochon pour toute l'Europe...

JULES.

Quoi ! ce serait madame Michon en personne !..

LOUIS.

C'est positivement elle ; mais c'est une femme grand genre et tu la faisais parler comme de la petite bière.

JULES.

Une idée sublime !... mystifions la maigre et du même coup tout l'équipage..

LOUIS.

Voyons voir le plan.

JULES.

Simple comme bonjour.

LOUIS. *

Dis vite, car on va bientôt sonner pour le déjeuner.

Passant à droite.

* Bergman, Jules, Louis.

JULES.

Ecoute, c'est ça... une dispute entre nous devant le monde, à propos de ton métier de garçon...

LOUIS, prenant sur le buffet une assiette.

Après.

JULES.

Je te dirai quelques sottises... tu me répondras quelques bêtises... là-dessus je me fâche... tout cela, vois-tu, pour constater devant la société que tu n'es pas mon compère.

LOUIS, frottant une assiette.

Je te vois venir.

JULES.

Je mettrai sur le tapis... le magnétisme.

LOUIS.

J'entends.

JULES.

Tu feras l'incrédule... et je parierai que je suis de force à t'endormir malgré toi.

LOUIS.

Et je ferai semblant d'être endormi et somnambule... malgré moi..

JULES, lui frappant sur l'épaule.

Tu as trop d'esprit pour un garçon à 30 sous par

jour, — c'est ça, — tu feras dans ton sommeil magnétique des contes bleus sur ma naissance, sur ma
fortune, sur mes titres, sur mes ouvrages, sur tout
ce que tu voudras, — tu diras entr'autres... que mon
bâton que v'là est magique... je te ferai manger du
charbon et tu diras que c'est du sucre.

LOUIS.

Merci !

JULES.

Oh ! la chose est indispensable, vois-tu ; c'est le
grand signe de la force magnétique actuelle... mais,
je ne te dis pas d'avaler.

LOUIS.

A la bonne heure !

JULES.

Alors, c'est dit, je compte sur ton intelligence.

On entend crier : Garçon, hé ! garçon!

LOUIS.

On y va, on y va. (A *Jules*.) Je te devine, mystificateur... tu veux quitter la chandelle pour la Sainte-
Menehould ! pas si bête.

Louis remonte la scène vers l'escalier

SCÈNE TROISIÈME *.

LES MÊMES, LE CAPITAINE GROS-BOIS, M. COLAS.

LE CAPITAINE.

Allons, garçon, vite le déjeuner, on a levé l'ancre, et nous serons au Havre (*regardant sa montre*) dans trois heures dix minutes ; la Seine est bonne et le vent nous est favorable.

JULES, à Louis.

C'est là ton capitaine ? Il m'a l'air d'un luron qui ne se mouche pas du pied.

LOUIS, à Jules.

Ne t'y frotte pas, va, car c'est un ancien, un vieux grognard de l'Empire. Il a servi dans l'artillerie et les pontons, et aujourd'hui il conduit notre barque tambour battant.

JULES, montrant Colas.

Mais cet autre ? Oh ! la belle barbe ! c'est du touffu, ça !..

LE CAPITAINE, en désignant Bergman.

Ah ! voilà notre cher M. Bergman ; il médite sur l'art ; — grand artiste (*s'adressant à M. Colas*), grand artiste, Monsieur, avec un instrument aussi

* Bergman. Louis, Jules, le capitaine, Colas.

ingrat produire tant d'effet... c'est encore là un des progrès de notre époque... Tenez, Monsieur, l'habit que voilà est cousu par une machine.

M. COLAS.

Ces machines, capitaine, tuent l'individualité humaine, avec elles l'homme devient rouage ou manivelle.

LE CAPITAINE.

C'est bien dit, je suis contre tout ce développement de l'industrie actuelle ; on ne pense plus qu'à l'argent. J'aime mieux, Monsieur, ce siècle de fer, où l'honneur était sans prix et pourtant si commun, — un ruban était la récompense de mille morts affrontées sur les champs de bataille. Le brave était respecté, et maintenant on ne respecte que les cordons de la bourse et ceux qui les tiennent; cela fait pitié !

M. COLAS.

Chaque chose a son temps, comme on dit.

LE CAPITAINE, à M. Colas.

Par exemple, vous, Monsieur, vous seriez devenu sapeur du temps du petit caporal.

M. COLAS, souriant.

Moi !

LE CAPITAINE, s'animant et contrefaisant le sapeur.

Que c'était beau, un sapeur de la vieille garde ! —

Quand ça passait avec son bonnet de poil d'ours sous l'Arc-de-Triomphe, ça se sentait si grand, que ça baissait la tête * pour ne pas endommager le monument.

JULES, riant.

Oh ! oh ! elle est bonne !

LE CAPITAINE, d'un air sévère.

De quelle bonne voulez-vous parler, moutard ? —

JULES.

Je voulais dire, capitaine... que l'anecdote est bien trouvée et fort bien racontée...

LE CAPITAINE, le regardant de travers.

A la bonne heure !... j'aime qu'on redresse sa phrase et qu'on s'aligne en me parlant.

JULES, d'un air goguenard.

Et moi aussi. Si j'avais vécu dans le beau temps de l'Empire .. mais j'aurais été trop crâne !...

LE CAPITAINE, vivement.

Vous ! vous auriez battu la caisse, mon garçon, pendant que les camarades auraient battu l'ennemi... et à présent vous ne faites probablement que battre le pavé... Pauvre jeunesse, tenez... ça ne sait plus se tenir droit, — ça ne sait plus marcher... c'est

---

* Le capitaine, en disant ces mots, se baisse comme s'il passait lui-même sous l'Arc-de-Triomphe.

déjeté comme une mauvaise planche... ça ne sait plus danser. Ah ! de mon temps il fallait voir une contre-danse ou une gavotte... c'était du nanan... c'étaient des entre-chats, des flic-flac, des jetés-battus, des ailes de pigeon. Notre danse était brillante comme nos uniformes... Pendant la paix on faisait la récolte des cœurs, pendant la guerre la récolte des grains d'épinards ! et aujourd'hui qu'on ne sème que de la graine de niais, que récoltera-t-on ?

JULES.

Capitaine , je vous fais mon compliment bien sincère sur votre éloquence...

LE CAPITAINE, avec humeur.

Je n'ai besoin ni de vos compliments, ni de vos critiques, Monsieur l'homme d'esprit !

JULES, saluant profondément.

En ce cas je rengaîne, et j'espère que vous ferez de même, capitaine, car je ne me sens ni de taille, ni de force à lutter avec un chevalier de la grande armée, — je vous remercie pourtant pour le poste de tambour que vous m'avez octroyé... cela me donne l'espoir de faire aussi du bruit dans le monde...

LE CAPITAINE.

C'est bon, c'est bon, pas tant de paroles. Holà hé... garçon, préparez tout pour le déjeuner , car je me sens d'un appétit de loup.

LOUIS.

On y va, capitaine, on y va !

LE CAPITAINE, se retournant.

Mais voilà ces dames qui descendent... Cette chère madame Michon ! pendant le dîner il faut la voir faisant une razzia du dessert.

Remontant la scène vers l'escalier.

SCÈNE QUATRIÈME *.

LES MÊMES, Mᵐᵉ MICHON, M. MICHON, Mˡˡᵉ ASPASIE.

Louis Bonbon couvre les tables. — Jules est renversé sur une chaise près de la table où est assis M. Bergman. — Le capitaine va au devant des dames.

LE CAPITAINE.

Encore une marche, Madame, prenez-y garde, car il y a un peu de roulis.

Mᵐᵉ MICHON.

Toujours d'une galanterie, ce brave capitaine Gros-Bois...

LE CAPITAINE.

La bravoure et la politesse sont, Madame, deux

---

* Deuxième plan, Bergman, Jules et Louis ; — Premier plan, le capitaine, madame Michon, Aspasie, Colas, M. Michon.

jumelles inséparables ; quiconque ne craint pas les dangers, respecte la délicatesse !

Mme MICHON.

Il est charmant !... mais comment se fait-il que nous sommes si peu de personnes de distinction pendant cette traversée...

LE CAPITAINE.

C'est la récolte des pommes à cidre qui arrête ici tout notre beau monde; mais nous tâcherons, belles dames, de vous faire oublier ce vide en serrant nos rangs autour de vous.

Mme MICHON.

Michon ! voilà de la véritable galanterie française...

Mlle ASPASIE, montrant Jules.

Oh ! ma tante, il est ici avec ses yeux de feu !

Mme MICHON.

Aspasie, ne m'embêtez pas avec votre inconnu !... vous voyez que nous faisions la belle conversation et vous nous dérangez en revenant toujours à vos moutons. *

LE CAPITAINE, souriant.

Madame me fera la faveur de se placer près de moi;

---

* Aspasie et Jules ne cessent de se regarder ; jeu muet entre eux.

vous aurez le grand artiste Bergman pour vis-à-
vis... mademoiselle à côté de lui... et à votre droite,
(*montrant Colas*) le beau sapeur que j'ai l'honneur
de vous présenter... il cause fort bien... et sa barbe
mérite ce poste d'honneur.

Mme MICHON, saluant M. Colas.

Monsieur serait-il dans les sapeurs ? J'ai un cousin dans cette arme...

M. COLAS, souriant.

Je ne sape rien, Madame, mais j'édifie... je sème...
l'air est ma patrie... je suis Icarien pour vous servir... je n'ai des ailes que pour voler... Le vol,
comme on dit, est notre propriété...

Mme MICHON, riant.

Oh ! Monsieur ! mais c'est très-effrayant de vous
avoir pour voisin... j'espère que vous ne volez pas
de poche en poche...

LE CAPITAINE.

Très-joli...

M. COLAS, avec finesse.

Que de choses on trouverait dans les vôtres, Madame !...

Mme MICHON.

Il ne faut jamais juger sur l'apparence, Monsieur
l'Icarien. Vous me prenez peut-être pour la femme

libre, mais je ne suis que la femme forte, voyez-vous.

M. COLAS, d'un air moqueur

On n'a qu'à vous voir, Madame, pour en être persuadé.

Mᵐᵉ MICHON, avec emphase.

Je suis, Monsieur, la femme de la propriété, la femme de la famille, la femme comme il faut, la femme bourgeoise.

M. COLAS, avec malice.

Oh ! Madame, que de titres à l'estime banale de la multitude ; mais vous êtes plus que cela, vous êtes la femme colossale ! que dis-je... la femme monumentale !

Mᵐᵉ MICHON.

Vous croyez peut-être m'offenser...

M. COLAS, souriant.

Y aurais-je réussi sans le vouloir ?

Mᵐᵉ MICHON,

Non, Monsieur, mais vous m'amusez.

LE CAPITAINE.

A merveille !

M. COLAS, d'un air insinuant.

Je voudrais vous intéresser, ce serait plus grave !...

LE CAPITAINE.

· Pas mal.

Mme MICHON.

A quoi cela vous mènerait-il ?

M. COLAS, d'un air mystérieux.

A vous faire tomber avec moi dans un abîme... de richesses, Madame.

M. MICHON, à sa femme.

Madame Michon ! bon-bonne, ne vous embarquez pas dans des conversations avec cet Icarien...

LE CAPITAINE, riant, s'asseoit à gauche *.

Ah ! voilà bien les maris.

M. COLAS, riant.

Ce monsieur aurait-il des droits factices et sociaux sur vous, femme monumentale ?...

Mme MICHON, riant.

Ce monsieur n'est que mon mari.

M. COLAS, d'un air moqueur.

Rien que cela?... à la bonne heure! Eh bien, il me vient une idée lumineuse!... à nous trois, nous irions loin, et nous parviendrions à tout.

---

* Le capitaine assis, Colas et madame Michon debout.

Mᵐᵉ MICHON, intriguée.

Et où donc voulez-vous nous mener ?

M. COLAS.

En Californie ! — moi, pour la socialiser, Madame pour la peupler, et Monsieur (*montrant M. Michon*), pour l'exploiter.

Mᵐᵉ MICHON, riant.

Est-il drôle ?..

M. COLAS, d'un air moqueur.

Femme vraiment étonnante !... je désirerais savoir au moins votre petit nom, pour l'inscrire sur mon carnet.

M. MICHON, vivement.

Danaé ! ne le dis pas.

M. COLAS.

C'est toi qui l'as nommé !... (*vivement*) oh ! Danaé, Danaé... mais c'est plus que la poudre d'or, c'est la pluie d'or... Oh ! Danaé... je ne serai pas jaloux de votre Danaus. Partons, partons à nous trois, et nous nagerons dans les richesses à notre retour...

LE CAPITAINE, riant.

Farceur !

Mᵐᵉ MICHON, à Colas.

Vous avez de l'imagination comme un poëte !...

M. COLAS, vivement.

Et du toupet comme Jasmin!...(*Lentement*) Oui,
femme monumentale... j'ai été poëte aussi; mais,
hélas! la poésie ne bat plus que d'une aile, elle ne
mène plus à rien... Cette marchande de modes de la
pensée n'a plus de débit; tous les papiers sont
sujets, vous le savez, aux fluctuations, et la valeur
des papiers rimés est tout à fait hors de cours... On
ne veut aujourd'hui que de l'or, et de l'or en poudre, pour jeter de la poudre aux yeux... et vive la
Californie! devenez Californienne... rendez votre
Danaus Californien, et vive la Californie! C'est le
pays d'Eldorado!... c'est le pays de la loi naturelle...
C'est le pays... où il ne s'agit que de prendre pour
avoir et de chercher pour trouver...

LE CAPITAINE.

Bravo!

Mme MICHON.

Tiens, tiens, comme il y va... mais c'est un enjo-
leur... il est amusant tout de même... Hé! Michon,
qu'en dis-tu?..

M. COLAS, riant.

N'allez pas consulter votre mari, il est trop *pomme
de terre* pour se lancer à travers l'océan, dans un
océan de prospérités sans fond... mais c'est à vous
seule, femme éminemment progressive, que je m'a-
dresse, pour le faire aller, comme vous faites aller
sans doute votre ménage.

LE CAPITAINE.

Le gaillard !

Mme MICHON, d'un air sérieux.

Monsieur, je commence par vous déclarer que je ne bouge pas de notre bon pays de France ; mais voyons l'opinion de mon homme sur ce chapitre.

M. COLAS.

Nous écoutons l'orateur.

LE CAPITAINE, se levant.

Silence !

M. MICHON, d'un ton doctoral.

Monsieur l'Icarien ou Californien, allez chercher fortune tout seul ; quand on fait de mauvaises affaires dans son pays, on a peut-être raison de donner dans les grosses aventures à l'étranger.

LE CAPITAINE.

Il parle comme un livre d'économie politique.

M. MICHON.

Quant à nous, nous faisons d'excellentes affaires, grâce à Dieu, dans notre endroit, où nous sommes aimés et considérés, en vendant, Monsieur, tous les ans, pour plus de trente mille francs de pieds de cochon à la Sainte-Menehould !

LE CAPITAINE.

C'est fort respectable.

M. COLAS, vivement.

Oh! Monsieur!.. Si vous donnez dans la Sainte-
Menehould avec de tels succès, je n'ai plus rien à vous
proposer... Lorsqu'on se présente sur un pied aussi
respectable dans le monde, on n'a plus besoin d'aller en Californie, car on a la Californie dans sa basse-
cour ; — on peut arriver à tout, et l'on peut même
finir comme l'enfant prodigue sans déroger — tou-
chez-là, monsieur Michon, j'estime votre noble carrière et je l'envie ; de retour de la Californie, j'irai
chez vous pour me régaler...

LE CAPITAINE, à Colas.

Très-bien... jadis, entre nous, vous seriez devenu
le farceur du régiment.

Mᵐᵉ MICHON.

Il est charmant !

Jules, qui avait été uniquement occupé de Mˡˡᵉ Aspasie,
s'impatiente, se lève, descend la scène et se place le
premier à gauche.

JULES, à part.

A mon tour d'occuper la société ; enfonçons l'Icarien et commençons la scène convenue avec Louis
Bonbon. (*Haut*) Hé, garçon, hé !..

LOUIS.

On y va, mon bourgeois.

JULES.

Mon bourgeois ! comme c'est bourgeois !,.. (*A
Louis*) Hé ! garçon ! holà hé... garçon !..

7.

LE CAPITAINE, à Jules.

Pas tant de bruit, on dirait que vous êtes seul ici...

JULES, à Louis.

Garçon... une table à part pour moi.

LOUIS, passant sur le devant *.

Mon bourgeois, c'est impossible...

JULES, vivement.

Je veux être servi comme je l'entends.

LOUIS.

C'est contre les règlements de la maison.

JULES.

Où voit-il une maison ici, l'imbécile !...

LOUIS.

Monsieur, point d'épithète inconvenante !

JULES.

Il me plaît de vous appeler ainsi !

LOUIS, haut.

Capitaine ! on ose offenser votre équipage.

LE CAPITAINE, riant.

Officier de bouche, défendez-vous avec votre spécialité.

LOUIS, feignant le dépit.

Quoi ! parce que ce Monsieur passe pour un Cré-

---

* A gauche, Louis, Jules, mademoiselle Aspasie et madame
Michon ; à droite, le Capitaine, M. Michon et Colas.

sus ou pour un Midas... il aurait le droit de me donner ses oreilles?... qu'il les garde...

M. COLAS.

Pas mal, mon garçon.

LE CAPITAINE.

Oh! oh! laissez-le se défendre, il a la langue bien
pendue.

JULES, montrant Louis.

Quel bon sujet magnétique ferait ce mauvais sujet...

Mᴵˡᵉ ASPASIE, à Jules.

Quoi, vous croyez, Monsieur?...

LOUIS, se détournant.

Ah! bah, en voilà bien des bêtises que votre magnétisme; j'aime mieux la Californie, allez, c'est plus
amusant, ça ne fait pas dormir.

Mᴵˡᵉ ASPASIE, à Jules.

Oh! de grâce, une petite expérience.

LE CAPITAINE.

Tiens, ça me va, voyons.

LOUIS.

Pour rien au monde je ne me prêterai à la chose!

Il bâille.

Mᴵˡᵉ ASPASIE, vivement.

Oh! ma tante, voyez comme il le regarde... mais
c'est un boa!

LOUIS, faisant semblant de s'endormir et s'asseyant sur une chaise à gauche sur le devant de la scène.

Je ne le veux pas... je ne... veux pas... pas... je ne... (il bâille) je ne... le veux,.. veux ..

Mˡˡᵉ ASPASIE, étonnée.

Quelle puissance surhumaine! mais il succombe!..

LE CAPITAINE, riant.

Mille cartouches... il va ensorceler mon drôle... tenez, Mesdames... regardez donc !

JULES, d'un ton d'autorité à Louis.

Dors... je te l'ordonne...

LOUIS.

Au secours... au secours, mon capi... capi... au se...

Il tombe sur sa chaise... et on l'entoure.

LE CAPITAINE.

Connu... c'est ça... laissons-le faire... voyons...

JULES, haut.

Il dort déjà... il est dans le sommeil magnétique le plus complet; on ne le réveillerait pas avec cent canons... Messieurs et Mesdames, je vais d'abord le mettre en rapport avec les esprits faibles, et puis nous monterons jusqu'aux esprits forts.

Mˡˡᵉ ASPASIE.

C'est merveilleux !

Mᵐᵉ MICHON, à son mari.

Mais regarde donc, Michon.

M. MICHON, haut.

Ma foi, j'aimerais mieux qu'on serve le déjeuner,
car j'ai faim.

Mˡˡᵉ ASPASIE, à Jules.

Peut-on déjà le consulter?

JULES, sur le devant de la scène avec Mˡˡᵉ Aspasie.

Donnez-moi la main, Mademoiselle, je vais vous
mettre en rapport avec lui.

Mˡˡᵉ ASPASIE, lui donnant la main.

Aie ! vous me faites mal !

JULES, souriant.

Comme vous êtes sensible, Mademoiselle !

Mˡˡᵉ ASPASIE, préoccupée.

Vous croyez? Monsieur.

JULES, bas à Aspasie.

Ah ! quel sujet vous feriez, vous ! (*Haut*) Je dé-
clare ici devant toute la société que mademoiselle
que voilà a déjà le don de découvrir la vérité et les
trésors les plus cachés, elle devine déjà les sentiments. Elle verra des choses que personne n'a encore ni vues ni entrevues!...

Mˡˡᵉ ASPASIE, à Mᵐᵉ Michon.

Ma tante, avez-vous entendu?

M. COLAS, à Jules.

Peut-on le consulter sur la Californie?...

JULES, à M. Colas.

Mademoiselle a la primauté. *(Haut)* Mais que tout le monde s'éloigne. Mademoiselle Aspasie, vous pouvez commencer votre consultation... *(A tout le monde)* Mais, à propos, il faut faire d'abord l'essai du charbon. Y aurait-il ici du charbon?

Mᵐᵉ MICHON.

Que veut-il faire?

LE CAPITAINE, riant, se lève.

Tenez, j'ai justement dans ma poche un morceau de charbon de terre... *(à Jules)* ça vous va-t-il?

TOUS.

Voyons ce charbon!

JULES*.

Donnez, capitaine, c'est bon. Tenez, Messieurs et Mesdames, et vous, Mademoiselle, approchez-vous de moi pour que le sujet n'entende pas ce que je vais vous communiquer.

LOUIS, à part.

On prépare le sucre pour mon déjeuner.

JULES, d'une voix mystérieuse.

C'est bien du charbon, et encore du charbon de terre, vous le voyez tous, Messieurs et Mesdames. Eh bien, que Mademoiselle le lui mette dans la bouche, et je lui ordonnerai, par la puissance de ma volonté, à ce charbon, de se faire sucre.

---

* Louis assis, Jules, Aspasie. — Tous les autres debout et ensemble, à droite.

TOUS.

Bah ! sucre !...

LE CAPITAINE, riant.

Allons, Mademoiselle, agissez.

Mlle ASPASIE, s'approchant de Louis.

Je tremble !...

Mme MICHON, à Aspasie.

Aspasie, n'y va pas, il serait capable de te mordre...

LE CAPITAINE.

Courage, je réponds de lui...

Mlle ASPASIE, s'approchant lentement.

Mais...

JULES, d'un ton d'autorité.

Marchez, je vous protége...

TOUS.

Courage.

Mlle ASPASIE, mettant le charbon sur les lèvres de Louis,
qui ferme la bouche. (A Jules.)

Monsieur ! le sujet n'ouvre pas la bouche ?

Louis éternue.

Mlle ASPASIE, effrayée.

Ciel, il a failli me mordre, il a éternué...

TOUS, riant.

C'est bon signe, allons, Mademoiselle.

JULES, haut.

Pardon, j'avais oublié de lui boucher l'odorat...

ce sont les huiles empyreumatiques du charbon de terre qui ont produit cet effet sternutatoire... mais c'est égal, l'expérience, quoique plus difficile, n'en réussira pas moins. Seulement silence...

Mlle ASPASIE, s'approchant de Jules.

Il entr'ouvre la bouche, mais il serre les dents.

JULES.

Demandez-lui ce que c'est.

TOUS.

Oui, demandez.

Mlle ASPASIE, à voix basse à Louis.

Monsieur, qu'est-ce que c'est ?.. (A tous) Il ne répond pas.

TOUS.

Plus haut.

Mlle ASPASIE, à Louis.

Monsieur ? qu'est-ce que c'est que ce charbon ?

LOUIS, d'une voix gutturale et étouffée.

C'est du sucre.

TOUS.

C'est vraiment étonnant !...

LE CAPITAINE.

Farceur !

JULES, triomphant.

Eh bien ! Messieurs et Mesdames, qu'en dites-vous ?..

Mme MICHON.

Mais vous êtes surprenant, Monsieur le magnétiseur.

JULES.

Attendez que je lui fasse quelques passes avec mon bâton magique et vous en verrez bien d'autres.

Mᵐᵉ MICHON.

Ça, c'est un bâton magique ! Monsieur, permettez-vous ?

Elle veut toucher le bâton.

JULES, vivement.

Madame, que faites-vous ! Il n'y a que Mademoiselle qui puisse le toucher impunément...

Mᵐᵉ MICHON.

Comme vous avez bien fait, Monsieur, de m'avertir à temps.

Mˡˡᵉ ASPASIE, se retournant vers Jules.

Le sujet ne veut pas avaler le sucre..

JULES, haut.

La société veut-elle qu'il l'avale ? Je puis amener ce résultat avec mon bâton magique...

TOUS.

Oh ! non, cela suffit.

JULES, à Aspasie.

En ce cas-là, Mademoiselle, ça suffit.

LOUIS, entre ses dents.

Va, tu me le payeras, Jules Perdreaux !

Mˡˡᵉ ASPASIE.

Il a parlé !..

TOUS.

Qu'a-t-il dit ?

Mlle·ASPASIE.

Je n'ai pas bien entendu , mais il me semble que
j'ai entendu les mots perdrix... ou bécasse...

JULES.

Ce n'est rien, il a parlé en rêve de quelqu'un de
la société... Mais, Mademoiselle, ne perdez pas un
moment, consultez à voix basse... et croyez à la lettre
à tout ce qu'il vous dira...

> Tout le monde entoure Jules en lui faisant des ques-
> tions à voix basse, pendant qu'Aspasie consulte d'une
> voix mystérieuse le soi-disant somnambule.

Mlle ASPASIE, à Louis.

Monsieur !

LOUIS, entr'ouvrant un œil.

Plaît-il ?

Mlle ASPASIE.

Ce que la table de noyer a dit , se réalisera-t-il ?

LOUIS, fermant les yeux.

Oui !

Mlle ASPASIE.

Trouverai-je l'homme qui m'est destiné ?

LOUIS.

Oui !

Mlle ASPASIE.

A quoi le reconnaîtrai-je ?

LOUIS.

A quoi ?

Mlle ASPASIE.

Oui, à quoi ?

LOUIS.

A son bâton magique !

Mlle ASPASIE.

A son bâton magique ?

LOUIS.

Oui !

Mlle ASPASIE.

Est-il ici avec son bâton ?

LOUIS.

Oui !

Mlle ASPASIE.

Vrai !

Mme MICHON, à Jules, à haute voix.

Mais qu'est-ce qu'ils se disent donc là ? Je suis bien curieuse.

Elle veut aller vers Aspasie.

JULES, l'arrêtant.

De la patience, Madame, point d'imprudence... vous pourriez, en dérangeant le sujet, amener une catastrophe.

Mme MICHON.

Une catastrophe !

JULES.

Une catalepsie.

Mme MICHON.

Oh! comme c'est effrayant! Michon, as-tu entendu?

LE CAPITAINE, riant et à haute voix.

On va sonner le déjeuner.

Mlle ASPASIE, continuant la consultation à demi-voix.

Mais l'homme au bâton magique..

LOUIS.

Eh bien !

Mlle ASPASIE.

Est-il riche ?

LOUIS, toujours d'une voix étouffée.

Il a de grands châteaux en Espagne, éclairés de mille chandelles ; ses richesses sont dans son sac de voyage et surtout dans son bâton...

Mlle ASPASIE.

Est-il possible !

LOUIS.

Il faut vous emparer de ce bâton coûte que coûte... vous ferez alors de lui ce que vous voudrez...

Mlle ASPASIE.

Comme c'est extraordinaire !

LOUIS.

Il faut, remarquez bien ce que je vous dis... il faut, après lui avoir ôté le bâton par le petit bout, lui en donner par le gros bout...

Mlle ASPASIE.

Pas possible !

LOUIS.

On voit bien que vous n'êtes pas clairvoyante...

Mlle ASPASIE.

Mais le deviendrai-je ?

LOUIS.

Oui ! après l'avoir rossé.

Mlle ASPASIE.

Pour la forme...

LOUIS.

Non, pour le fond et à fond... entendez-vous...
plus vous taperez fort... plus vous aurez de puissance sur lui.

Mlle ASPASIE.

Comme c'est étonnant !... mais comment prendre
ce bâton ?

LOUIS.

Mais, dam !... avec vos mains.

Mlle ASPASIE.

Rien que cela !

LOUIS.

Pas plus fin que cela.

Mlle ASPASIE.

Et quand ?

LOUIS.

Le plus tôt possible, car on va sonner le déjeuner.

Mlle ASPASIE.

Maintenant ?

LOUIS.

Allez... et ferme, entendez-vous, ne l'épargnez
pas...

Mlle ASPASIE, d'une voix sentimentale.

Moi qui n'ai encore battu personne.

LOUIS.

Que votre coup d'essai soit un coup de maître...

Mlle ASPASIE, d'un air décidé.

Le sort en est jeté !...

LOUIS.

Puissiez-vous dans cette expédition, avoir le courage et la main puissante de votre tante...

Mlle ASPASIE, le quittant.

Soyez tranquille, je ne fais jamais rien à demi.

LOUIS, à part.

Attrape, Champagne...

JULES, haut.

A présent, Messieurs et Mesdames, vous pouvez consulter le sujet, car je vois que Mademoiselle a déjà fini son entretien.

LE CAPITAINE, haut.

Tenez, remettons cela après le déjeuner.

Mme MICHON, avec instance.

Capitaine, de grâce, encore un moment. Eh bien ! Aspasie, es-tu satisfaite ?

Mlle ASPASIE, d'un air inspiré.

Ma tante, vous jugerez tout à l'heure de ma force magnétique.

JULES, d'un ton doctoral.

Messieurs et Mesdames... Mademoiselle que voilà... est tellement entrée en rapport de clairvoyance,

qu'elle va chercher et suivre ma baguette magique
qui l'attire comme un aimant.

Mlle ASPASIE, voulant saisir le bâton.

Ah ! Monsieur, quelle charmante canne.

JULES, marchant et faisant tourner le bâton.

Vous voyez, Messieurs et Mesdames, mademoiselle
est déjà sous le charme.

Mme MICHON.

Aspasie, que fais-tu ?

Mlle ASPASIE, suivant le bâton.

Laissez-moi faire...

Elle rôde autour de Jules qui l'évite : elle veut saisir
son bâton que Jules lève et abaisse tour à tour.

TOUS.

C'est merveilleux !

On sonne pour le déjeuner.

LOUIS, sans bouger, et criant.

On y va... on y va...

Mme MICHON.

Capitaine !... voyez la force de l'habitude, il veu
nous servir tout endormi.

LE CAPITAINE.

Je vous réponds, moi, Madame, que ce gaillard-là
est un garçon fort éveillé.

Mlle ASPASIE, arrachant le bâton.

Je le tiens.

LOUIS, ouvrant les yeux, et à part.

Voyons comment elle s'y prendra.

JULES, étonné.

Ciel, ma baguette magique...

Mlle ASPASIE, à Jules, d'un ton d'autorité.

A genoux ! Monsieur, à genoux.....

JULES, étonné, se met à genoux.

A vos pieds, c'est ma place.

Mme MICHON.

Aspasie, mais cela ressemble furieusement à une déclaration !...

LOUIS, à part.

A la façon de Barbari, mon ami !...

Mlle ASPASIE, à Jules qui est toujours à genoux.

Pardon, Monsieur, mais !... pour obéir à une force aveugle et occulte qui me dirige en ce moment !... je vous prie de vous baisser un peu, pour recevoir ce que je vais vous donner...

JULES.

Je m'incline devant vous... reine de mon existence..

Mlle ASPASIE, levant le bâton.

Mais de grâce... Monsieur, ne vous fâchez pas... ne m'en voulez pas... car je suis obligée de vous frapper, et même très-fort..

MYSTIFIÉ.

JULES, se levant vivement et fuyant.

Mademoiselle! vous voulez plaisanter...

Mlle ASPASIE, le poursuivant, pendant que Bergman
joue un galop.

Mille pardons, Monsieur... mais il faut absolument
que...

LE CAPITAINE, riant.

Par ici, Mademoiselle, allez toujours.

Mme MICHON.

Aspasie ! Aspasie ! mais elle est folle !

JULES, se réfugiant, saisissant une chaise et fuyant d'un
endroit à un autre.

C'est ce coquin de Louis Bonbon qui m'a joué ce
tour !... mais, Mademoiselle !... laissez donc, — ça
passe la plaisanterie.

On sonne le déjeuner.

Mme MICHON, saisissant Aspasie.

Je n'y comprends plus rien, Aspasie, voulez-vous
ne pas faire toutes ces bêtises.

Bergman cesse de jouer.

LE CAPITAINE, haut.

A vos places, à vos places.

Mme MICHON.

Mais qu'est-ce que tout cela veut dire ?..

LOUIS, se lève en riant.

Cela veut dire, Madame, que j'ai servi au magnétiseur, pour son sucre, un plat de ma façon ; il voulait vous mystifier et c'est lui qui l'a été.

Mlle ASPASIE.

Quoi ! ce ne serait pas sérieux ? Quoi, Monsieur
(montrant Jules) ne serait pas un de ces êtres qui
apparaissent dans les romans avec ces fortunes in-
calculables... et ces facultés inestimables...

LOUIS, à Aspasie.

Ce n'est, Mademoiselle, que mon ex-camarade
d'école... Jules Perdreaux, commis d'un marchand
de chandelles, que vous avez daigné remettre à sa
place...

Mlle ASPASIE, à Jules, lui remettant le bâton.

Je vous rends vos armes, Monsieur, et vous demande mille pardons... C'était une erreur..

JULES.

L'erreur, belle demoiselle, aurait pu être trop
forte.

LE CAPITAINE, riant.

Allons donc... Si madame Michon avait été à la
place de Mademoiselle, il aurait pu y avoir des
souvenirs de la méprise ; mais mademoiselle Aspasie... elle n'aurait fait que toucher votre cœur...

JULES.

Joliment.

LE CAPITAINE, d'un ton sentencieux.

D'ailleurs, apprenez, jeune homme, qu'il n'est
jamais de mal en bonne compagnie.

Mᵐᵉ MICHON, avec emphase.

Oui, entre personnes de distinction, on entend la plaisanterie et l'on ne se fàche jamais !... n'est-ce pas, capitaine?

Mˡˡᵉ ASPASIE, à Jules.

Monsieur, voulez-vous me donner le bras pour le déjeuner..

LE CAPITAINE.

C'est ça, conduisez Mademoiselle, qui voulait vous armer son chevalier. Garçon, hé... une bouteille de Champagne ! nous boirons à la santé du beau sexe. M. Bergman, un petit air... qui nous rappelle la jeunesse et les amours...

Bergman joue à la sourdine l'air de : *Madame Denis*

Mᵐᵉ MICHON.

Ce cher capitaine !... on n'est plus aimable comme ça aujourd'hui..

LE CAPITAINE, d'un air fendant.

C'est le danger qui nous tient toujours sous les armes. Je ne connais que deux feux qui m'excitent : le feu de l'ennemi et celui du regard d'une jolie femme !

Mᵐᵉ MICHON, prenant le bras du capitaine.

Flatteur ! Si je commandais un corps d'amazones, que feriez-vous, capitaine ?

LE CAPITAINE.

Je réclamerais la place de trompette, pour sonner la victoire.

M. COLAS, riant.

Et moi, de cantinière du régiment pour faire boire à votre santé.

JULES, à Mlle Aspasie, la conduisant à table.

Lorsque, dans mes voyages, les intérêts de mon commerce m'amèneront à Sainte - Menehould, me sera-t-il permis, Mademoiselle, de vous présenter mes respectueux hommages, et de vous rappeler... que vous avez été au moment de me faire voir, comme on dit, mille chandelles.

Mlle ASPASIE, d'un air sentimental.

Oh ! Monsieur, vous serez toujours le bien-venu, et malgré tout ce qui vient de se passer, je crois encore au magnétisme du regard !..

JULES, à Aspasie.

Je tâcherai, Mademoiselle, de vous illuminer sur cette grave question... (À Louis) Hé! garçon, hé! que faites-vous-là?... servez chaud, servez vite!...

LOUIS, riant.

On y va, on y va, Monsieur le mystificateur mystifié !

FIN DU MYSTIFICATEUR MYSTIFIÉ.

LA SURPRISE

COMÉDIE EN DEUX ACTES.

PARIS

IMPRIMERIE DE L. TINTERLIN ET Cᵉ

RUE NEUVE-DES-BONS-ENFANTS, 3.

LA
SURPRISE

COMÉDIE EN DEUX ACTES

PAR

LE COMTE STANISLAS KOSSAKOWSKI

PARIS

E. DENTU, LIBRAIRE-ÉDITEUR

PALAIS-ROYAL, 13, GALERIE D'ORLÉANS.

—

1858

L'auteur renonce à tout droit de représentation,
ne se réservant que la seule réimpression.

PERSONNAGES.

LE DUC DE L..., ambassadeur de France à Rome.

LE CHEVALIER, premier secrétaire d'ambassade.

LE BARON DUPOTIER, député.

BEAUTRAU, artiste.

LA MARQUISE,

LA COMTESSE.

JULIETTE, femme de chambre de la Marquise.

LOUIS, maître-d'hôtel du duc.

Valets de chambre et laquais.

LA SCÈNE EST À ROME, EN 1826.

1° LE DUC, cinquante ans... il n'a aucune difficulté à prononcer les lettres et les syllabes, mais il s'arrête à certains mots... et puis, il les répète comme s'il attendait l'idée... Intonations naturelles, variées et nuancées. Cheveux presque blancs, habit et pantalons noirs, cravate et gilet blancs, plaque du Saint-Esprit sur l'habit, cordon bleu sur le gilet. Il se sert souvent d'un lorgnon simple, suspendu au cou par un petit ruban noir. Sa démarche est noble et élégante ; son ton est naturel et parfait ; il est tour à tour naïf et spirituel, distrait et attentif, impatient et plein de délicatesse. Au second acte, il porte sur son habit une redingote boutonnée, couleur sable.

2° LE CHEVALIER, cinquante ans, cheveux grisonnants, frac noir, cravate blanche, ruban à la boutonnière... tournure élégante et distinguée ; grande vivacité dans la manière de s'exprimer ; sourire fin, spirituel et légèrement ironique.

3° LE BARON, quarante ans... grands favoris, sans moustaches ; habit de couleur, gants jaunes, ruban à la boutonnière, tournure et manières communes ; il parle en s'écoutant, hausse la voix, joue des sourcils, a un gros rire ; air tantôt réjoui, tantôt boudeur.

4° BEAUTRAU, vingt-sept ans, beau, bien fait, petite moustache et royale, sentimental et passionné. Au premier acte, habit du matin élégant ; au second, un domino de soie noire par dessus son costume de Transtéverin.

5° LA MARQUISE, trente ans, mise très-élégante du matin, dans le premier acte, avec un chapeau de paille d'Italie à la main. Dans le second acte, domino rose par dessus un costume de Transtéverine, avec poignard dans les cheveux et corsage ponceau. Caractère vif, sémillant, spirituel, mais passionné ; diction élégante et nuancée.

6° LA COMTESSE, trente ans aussi, mise élégante, mais simple ; modeste, tantôt sentimentale, tantôt spirituelle et finement moqueuse.

MAITRE-D'HOTEL en noir.

Livrée ponceau.

LA SURPRISE

ACTE PREMIER

A l'ambassade, salon richement décoré, tenture en damas ponceau, grandes glaces. A droite, cheminée; chaises et bergères du même côté. Porte d'entrée dans le fond, porte à gauche qui mène au cabinet du duc.

SCÈNE PREMIÈRE.

LE DUC, LE CHEVALIER.

Au lever du rideau, le duc est assis à gauche dans un fauteuil, les yeux fermés et sommeillant, pendant que le chevalier, assis à droite, lui lit un projet de dépêche.*

LE CHEVALIER, lisant.

« Je finis en priant Votre Excellence de me faire
« connaître au plus tôt la décision de Sa Majesté
« sur l'affaire des légations; il y a déjà dix jours que
« j'ai fixé l'attention de Votre Excellence sur ce
« sujet si important. J'ai l'honneur d'être, etc. »

---

* Le duc, le chevalier.

LE DUC, se réveillant.

C'est ça... j'ai l'honneur d'être, etc. (*Se levant*) Oui, monsieur de Villèle sera parfaitement éclairé sur l'état de la question. — Vous avez, cher chevalier, la grande habitude des affaires! La dépêche est fort bien écrite... Il y a cependant, à la seconde page, un mot qui ne me plaît pas...

LE CHEVALIER.

Vous ne vous souvenez pas, monsieur le duc, du sens...

LE DUC, se rasseyant.*

Ah!.. tenez... c'est au sujet... au sujet de monsieur de Médicis... vous le faites poser — prendre des attitudes...

LE CHEVALIER.

J'y suis... c'est probablement le passage suivant... « Le ministre des finances du roi des Deux-Siciles « semble avoir pris dans cette affaire une attitude « expectante, etc. »

LE DUC.

C'est précisément ce que j'avais remarqué... Oh! chevalier... l'attitude!.. et puis expectante... oh! expectante!...

LE CHEVALIER.

Terme diplomatique... le mot est très-français.

_____

* Le duc, le chevalier.

LE DUC.

Mais il n'est pas distingué.

LE CHEVALIER.

Il est reçu.

LE DUC.

Reçu partout, tant que vous voudrez, mais pas chez moi.

LE CHEVALIER, piqué et se levant.

Monsieur l'ambassadeur, vous êtes bien le maître de le supprimer ; d'ailleurs, c'est vous qui signez la dépêche !...

* LE DUC, se levant.

Tenez, cher chevalier, ne vous fâchez pas ; faites-en généreusement le sacrifice... dites... dites tout simplement : Monsieur de Médicis a pris le parti d'attendre. Cette simplicité est plus noble.

LE CHEVALIER.

Il n'y a pas de mot, monsieur le duc, qui ne puisse être ennobli.

LE DUC.

Oui, mais par un Bossuet, par le génie ; car, apprenez, cher chevalier, que le génie seul a le droit souverain d'ennoblir les mots.

---

* Le chevalier, le duc.

LE CHEVALIER.

Sans doute.... mais l'usage peut aussi...

LE DUC, vivement.

L'usage... l'usage ne peut... ne peut leur donner, tout au plus, que le droit de bourgeoisie.

LE CHEVALIER, souriant.

Ce trait m'a désarmé ; je me rends, monsieur le duc, et je supprime aussi l'attitude.

Écrivant au crayon.

LE DUC.

C'est ça... laissons aussi les attitudes aux ballets italiens.

* LE CHEVALIER, déposant les papiers sur une table à gauche.

A propos de ballets, ou plutôt de travestissements et de tableaux, on m'a dit que la soirée d'hier chez la duchesse de Devonshire a été charmante ; je n'ai malheureusement pas pu profiter de l'invitation de la duchesse.

LE DUC, animé.

Les tableaux ont parfaitement réussi, et puis, comme nous sommes en plein carnaval, nous avons fait des folies, heureusement bien entre nous. — On avait préparé des costumes pour les tableaux. Et ne

* Le chevalier, le duc.

voilà-t-il pas que la petite marquise se met en tête,
après avoir paru en bergère, de nous forcer, l'ambassadeur de Portugal, monsieur de Stendal et
moi, à faire les trois Grâces !.. On nous met des
châles et des bonnets de la duchesse... c'était à
mourir de rire... Et la petite folle faisait Pâris, en
costume de page, en chérubin du *Mariage de Fi-
garo*... elle avait un air lutin... oh! elle était délicieuse.

LE CHEVALIER, avec finesse.

Et je parie, monsieur le duc, que c'était pour
vous donner la pomme.

LE DUC, souriant.

C'est un peu ça... Elle m'a jeté le mouchoir, un
petit mouchoir bien parfumé; elle était adorable!
Elle m'a promis son portrait, et je veux qu'elle soit
en chérubin... il faut que je fasse faire ça par Beautrau, et au plus vite, pour ne pas l'oublier.

LE CHEVALIER.

La marquise?

LE DUC.

Eh non! le portrait. J'ai dit à Beautrau, qui était
là, de passer chez moi ce matin; mais il est possible
qu'il me fasse faux-bond, car ce petit Beautrau est
devenu la coqueluche de toutes les femmes. Tenez,
elles ont raison... je ne connais pas d'homme plus
séduisant que lui... il a du Lauzun et du Byron... il
peint, il chante, il danse, et il fait tout cela en per-

fection. Savez-vous qu'il est très-bien né, et qu'il a une fortune indépendante... Il s'est, je crois, fait artiste pour se permettre bien des choses...

LE CHEVALIER.

A propos, monsieur le duc, on dit que le monde d'hier dîne chez vous aujourd'hui.

LE DUC, d'un air distrait.

Non pas tout ce monde... non... mais... tenez, vous faites bien de me le rappeler.... Et moi, qui n'ai pas encore vu mon maître-d'hôtel !.. je suis quelquefois d'une distraction !... cher chevalier, voulez-vous bien sonner.

LE CHEVALIER, sonnant.

Je crois qu'on sait déjà à l'hôtel que vous aurez du monde.

LE DUC, impatienté.

On ne vient pas... voilà comme je suis toujours servi... et puis, j'ai donné rendez-vous à ces dames... elles vont arriver pour me mener, Dieu sait où...

SCÈNE DEUXIÈME.

LES MÊMES, LOUIS.*

LE CHEVALIER, près de la cheminée.

Monsieur Louis..... Votre maître-d'hôtel est là, monsieur le duc...

---

* Louis, le duc, le chevalier.

LOUIS.

J'attends depuis ce matin les ordres de Monseigneur.

LE DUC, assis, parcourant d'un air distrait un journal.

Et je vous attendais, moi, de mon côté, pour...
ce dîner....

LOUIS.

Un dîner pour des dames, un dîner de douze couverts... Monseigneur, aurons-nous des dames ?

LE DUC, toujours distrait.

Vous êtes bien curieux.

LOUIS.

Pour les dames, Monseigneur le sait, il faut un
autre genre de dîner; point de grosses pièces, des
filets mignons, des suprêmes.

LE DUC, souriant.

Ah !... Il a raison...

LOUIS.

Et puis un grand couronnement au troisième service, de petites crêmes, des glaces panachées, etc.

LE DUC, souriant.

Est-il drôle... il y aura des dames, et je me repose
entièrement sur votre bon goût...

LOUIS.

Monseigneur sera satisfait, comme toujours... et

10

c'est probablement la société d'hier soir qui dîne à l'hôtel ?..

LE DUC.

Eh bien, oui, mais pourquoi ces questions ?

LOUIS.

J'en étais sûr, car il n'est bruit en ville que de la soirée d'hier.

LE DUC, d'un air étonné.

En vérité !... Et que dit-on en ville ?

LOUIS.

On dit, entre autres, que Votre Excellence a représenté les trois Grâces.

LE DUC, se levant et piqué.

Eh !... apprenez une fois pour toutes... qu'il ne faut jamais croire... que... le tiers de ce qu'on vous dit... vous pouvez vous retirer.

Louis sort.

SCÈNE TROISIÈME.

LE DUC, LE CHEVALIER.

LE DUC, marchant à grands pas dans la chambre,.

Oh ! comme c'est dépitant... oh ! que c'est insupportable... on ne peut pas dire un mot, faire un pas, changer de gilet ou de cravate, que cela ne soit su dans toute la ville...

* LE CHEVALIER, à part, passant à gauche.

Je suis heureux de n'y avoir pas été, ses soupçons seraient tous tombés sur moi...

LE DUC, s'arrêtant et se chauffant à la cheminée.

Qui est donc l'indiscret... ce ne sont pas ces dames... oh! non... ce n'est pas Stendal... il a trop d'esprit pour être commère... ce n'est pas Beautrau... il a bien autre chose en tête, lui!.. ah!.. j'y suis; ce doit être le baron, l'ennuyeux baron... vous savez... que j'ai pris en grippe depuis son arrivée... il est député... et peut-être en relation avec ces écrivailleurs de Paris... Oh! par exemple, ce serait joli de figurer dans les feuilletons des *Débats*...

LE CHEVALIER s'appuie sur une chaise.

En trois Grâces !

LE DUC.

Cette manie de la publicité est désolante... et vous savez, chevalier, qu'à Paris nous ne manquons pas d'envieux, de jaloux....

LE CHEVALIER, souriant.

Je le crois bien, la marquise est si jolie.

LE DUC, marchant sur le devant de la scène.

Plus de doute... c'est le baron... cet homme m'assomme avec ses descriptions, ses confidences, ses questions de l'autre monde... il sent d'une lieue la robe et la finance... il était insoutenable... (*se*

---

* Le chevalier, le duc.

rasseyant à droite) hier, en faisant le papillon! ne voulait-il pas aussi se travestir, mais je crois qu'on n'a pas trouvé assez d'étoffe pour le draper.

LE CHEVALIER, avec malice.

Il n'est pas mal drapé par vous, monsieur le duc...

SCÈNE QUATRIÈME.

Les mêmes, UN VALET DE CHAMBRE.

LE VALET DE CHAMBRE.

Monsieur le baron Dupotier.

LE DUC, se levant.

Oh! pour le coup, c'est trop fort, c'est décidément mon jour de guignon... mais que me veut-il?.. qu'il me laisse en repos... c'est une véritable persécution!

LE CHEVALIER, le suivant.

Monsieur l'ambassadeur... monsieur le baron Dupotier est député... il vient, je crois, pour affaires... il m'a dit que vous l'attendiez ce matin même...

LE DUC, s'arrêtant.

Cette fois-ci, je crois que vous avez raison...ah! oui, j'ai promis de le recevoir à une heure... mais qu'a-t-il à me dire? enfin, nous verrons... Faites entrer.

Le valet de chambre sort.

LE CHEVALIER.

Dois-je me retirer ?

LE DUC.

Gardez-vous en bien.

SCÈNE CINQUIÈME.

Les mêmes, LE BARON DUPOTIER.*

LE BARON, d'un air prétentieux

Monsieur l'ambassadeur, j'ai bien l'honneur de vous présenter mes civilités empressées.

LE DUC, à la cheminée.

(*A part*) Civilités... (*Haut*) Eh bien, baron... on vous rappelle peut-être à Paris ; la Chambre vous réclame, et vous allez nous abandonner.

LE BARON.

Bien aimable... non, monsieur le duc, je reste.

LE DUC, d'un air étonné.

Ah ! vous restez?

LE BARON.

Oui, je reste, monsieur le duc, je reste pour un motif sérieux ; je me marie.

LE DUC.

Vous vous mariez !

* Le chevalier, le baron, le duc.

LE BARON, parle en s'écoutant.

Et voilà pourquoi je réclame l'intervention officielle et même officieuse de l'ambassade. Je désirerais faire légaliser, dans le plus bref délai possible, des papiers qui me sont indispensables; et c'est pourquoi j'ai pris la liberté de vous demander, monsieur l'ambassadeur, une audience pour vous soumettre cette affaire si importante pour moi.

LE DUC, se chauffant.

C'est parler en homme rompu aux affaires, monsieur le baron, adressez-vous au chevalier, et tout sera fait à vos souhaits...

LE BARON, au chevalier.

Monsieur le chevalier, je vous réitère...

LE CHEVALIER, vivement.

Ne réitérez rien, baron... votre affaire est déjà faite. (*D'un air grave*) Allons, donnez-nous quelques détails... ne soyez plus collet-monté. C'était fort convenable entre ambassadeur et député, maintenant revenons gens du monde.

LE DUC, d'un air distrait.

Oui, contez-nous ça, je suis sûr que le choix...

LE BARON.

Il est fort respectable, monsieur le duc, mais c'est tout un roman.

LE DUC.

Ah! voyons un peu.

LE CHEVALIER.

Monsieur le duc, nous pourrions bien nous asseoir pour entendre le roman.

LE DUC.

C'est ça, asseyons-nous; baron, prenez donc cette bergère qui vous tend les bras...

> * Le duc s'asseoit à droite, le baron à gauche, le chevalier va à la cheminée.

LE BARON, se plaçant dans la bergère.

Une bergère, c'est singulier... c'est bien aussi une bergère que ma bergère... oh! vous savez donc... monsieur le duc...

LE DUC.

Je suis d'une ignorance complète, je vous l'assure.

LE CHEVALIER.

Cela devient fort intéressant...

LE DUC.

Voyons un peu la bergère.

LE BARON.

Oui, une bergère, et que vous connaissez... monsieur le duc, et qui vous connaît.

LE DUC.

Vous m'intriguez .. et où l'ai-je donc rencontrée?

LE BARON.

Mais, chez elle; mais, chez vous.

* Le baron, le duc assis, le chevalier debout du côté de la cheminée.

LE DUC.

Chez moi !

LE BARON.

Et pas plus tard qu'hier chez la duchesse de Devonshire, la bergère enfin qui s'est travestie ensuite
en chérubin.

LE DUC, se soulevant.

Quoi?

LE CHEVALIER.

Impossible ! (à part) pauvre duc.

LE DUC.

La marquise? vous plaisantez...

LE BARON, d'un ton pédant, en s'écoutant.

Vraiment non... c'est fort sérieux... que voulez-
vous, monsieur le duc, il faut finir par là... En parcourant ensemble les souvenirs palpitants de l'antiquité, le Colysée au clair de la lune, le dôme de
Saint-Pierre si étincelant aux rayons du soleil...

LE DUC.

Etc., etc... je vois ça d'ici.

LE BARON.

C'est au milieu de ces monuments de la grandeur
et de la décadence des Romains....

LE DUC, souriant.

De Montesquieu.

LE BARON.

C'est au sein de cette nature, si chaude et si em-
baumée, que les sentiments nobles et généreux...

LE DUC.

Se dilatent...

LE BARON.

C'est ça même, et c'est dans un de ces moments où, muets d'admiration, nous écoutions le silence de ces ruines, si je puis m'exprimer ainsi... que je me suis aperçu que j'étais compris...

LE DUC.

Et que vous compreniez.

LE BARON.

Oui, et que je comprenais toute l'étendue, toute la profondeur de ma passion ; aussi suis-je devenu un tout autre homme.

LE DUC, avec ironie.

Je vous en fais mon compliment.

LE BARON.

Dès ce moment, aimable folie, légèreté..

LE DUC, au chevalier qui est appuyé sur le dos d'une chaise.

Chevalier, écoutez donc.....

LE CHEVALIER.

Je suis tout oreille....

LE DUC, au baron.

Pardon, de vous avoir interrompu...

LE BARON, continuant.

Dès ce moment... j'ai renoncé à mon existence parisienne, si évaporée, si étourdie, malgré la gravité de mes occupations politiques à la chambre, qui ne suffisaient pas pour enrayer la fougue de mes passions.

LE DUC.

Oh ! Et pour enrayer, vous faites de la petite marquise... un sabot... oh! baron !

LE BARON, riant.

Monsieur le duc, vous tournez les choses....

LE DUC.

Elle doit en être fort flattée.

* LE BARON, se levant.

Enfin, nous nous convenons, et voilà l'essentiel... A propos, monsieur le chevalier, j'envoie aussi ma démission de député...

LE DUC, restant assis.

Oh! n'en faites rien, cher baron, n'en faites rien... vous pourrez allier la chambre avec le salon de la marquise.

** LE BARON, revient à gauche.

Au fait, monsieur l'ambassadeur, je crois que vous me donnez même là un bon conseil...

LE DUC, se lève.

L'amour s'allie parfaitement à la politique.... Puisque les choses en sont là... La marquise dîne chez nous aujourd'hui... vous voudrez bien aussi être des nôtres....

* Le duc, le baron.
** Le baron, le duc, le chevalier.

LE BARON.

Je n'ai rien à vous refuser, monsieur le duc... c'est
fort aimable à vous de nous réunir... je ne voudrais
pourtant pas.... que l'on sût en ville...

LE DUC, s'approchant du baron.

Oh ! je vous approuve, et vous engage aussi à ne
pas écrire à vos amis de Paris sur ça, et sur la soirée
d'hier, sur ces travestissements,.. vous comprenez...

LE BARON.

Oh ! parfaitement.

LE DUC, à part.

C'est fort heureux....

SCÈNE SIXIÈME.

Les mêmes, BEAUTRAU,

Un valet de chambre annonce et sort.

LE VALET de chambre.

Monsieur Beautrau !.

* LE DUC.

Mais arrivez donc. (A part) Quel contre-temps !..
comment faire pour me débarrasser du baron. (Haut)
Chevalier, eh ! chevalier ! (à voix basse) ne pourriez-
vous pas faire descendre le baron à la chancel-
lerie ?

* Beautrau, le duc, à gauche, le chevalier et le baron.

LE CHEVALIER.

J'y pensais...

Il parle bas au baron.

LE DUC, à Beautrau.

Je désespérais déjà de vous voir, Beautrau...

LE BARON, au chevalier à droite.

Monsieur le chevalier, veuillez me faire faire connaissance avec Monsieur Beautrau... comme je dois aujourd'hui même...

LE CHEVALIER.

Mais vous vous connaissiez déjà... dans un autre moment.

LE DUC, à Beautrau,

C'est entendu...

* BEAUTRAU, au duc.

Vous ne voulez qu'un simple croquis, et dans son costume...

LE DUC, vivement.

Mais taisez-vous donc !

BEAUTRAU.

Comment...

LE DUC.

C'est un secret.

BEAUTRAU.

Pour qui ?

_____

* Sur le premier plan, le duc et Beautrau; sur le second plan, le baron et le chevalier.

LE DUC.

Mais... mais, pour tout le monde... ne voyez-vous pas que nous ne sommes pas seuls ici...

Il parle bas à Beautrau, montrant le baron.

BEAUTRAU, avec étonnement, en regardant le baron.

Bah !

LE CHEVALIER, à Beautrau.

Le baron désire faire votre connaissance.

LE BARON, à Beautrau.

Je vous connais beaucoup de réputation, Monsieur.

BEAUTRAU, au baron.

C'est bien à moi, et non à vous, monsieur le baron....

LE DUC, à part.

Ils sont insupportables... (*Haut*) Beautrau !

BEAUTRAU.

Monsieur le duc !

* LE DUC.

Suivez-moi dans mon cabinet. (*Au baron*) Pardon, cher baron ... j'ai affaire avec Beautrau.... Chevalier, n'oubliez pas ma commission...

Il sort avec Beautrau.

* Le duc et Beautrau sortent par la porte de gauche.

SCÈNE SEPTIÈME.

*LE BARON, LE CHEVALIER.

LE CHEVALIER.

Descendons pour régler vos papiers.

LE BARON.

Mais je vous dis que je dois attendre ici la marquise... Nous allons tous ensemble voir l'atelier de M. Beautrau... et nous amenons avec nous l'ambassadeur ; on va lui ménager une petite surprise... et du meilleur goût...

LE CHEVALIER.

Oh! si c'est par ordre suprême !.. (A part) Puisqu'il ne veut pas déguerpir, mettons-lui martel en tête.

LE BARON, s'asseyant.

Le duc est un homme fort agréable, malgré ses cinquante ans et ses infirmités.

LE CHEVALIER, se chauffant à la cheminée.

Ses infirmités !

LE BARON.

Oui, car il est fort myope, passablement sourd et un peu bègue.

LE CHEVALIER, se rapprochant.

Oui, il a un petit bégaiement... d'esprit qui lui sied à ravir... il ne s'arrête que pour mieux sauter...

---

* Le baron, le chevalier.

et puis, il est d'une finesse, d'un à-propos qui m'étonnent toujours ; il voit sans regarder, il entend sans écouter... tenez, pas un diplomate de sa force, lorsqu'il veut s'occuper d'affaires...

LE BARON.

En vérité ! mais c'est vous qui faites toute la besogne...

LE CHEVALIER, souriant.

Oh ! la besogne, oui, j'écris ; mais il corrige avec un tact... de grand seigneur, que n'ont pas nos académiciens lorsqu'il s'agit de distinguer toutes les délicatesses et les susceptibilités de notre langue.

LE BARON, se levant.

Vous m'étonnez...

LE CHEVALIER, s'approchant du baron.

Les femmes en raffolent... il est très-galant et dévot à la fois ; mais il fait une cour qui n'alarmera jamais ni le ciel ni les maris. Ainsi tranquillisez-vous, baron... il ne vous fera jamais... de mauvais tours.. lui...

LE BARON, souriant.

Je comprends... c'est seulement pour s'amuser... histoire de rire...

LE CHEVALIER.

Ainsi, point de danger de son côté.

LE BARON, inquiet.

De quel côté, s'il vous plaît, voyez-vous des dangers pour moi ?..

LE CHEVALIER, d'un air mystérieux.

La marquise, la connaissez-vous bien ?

LE BARON.

Mais pourquoi cette question ?.. est-ce que...

LE CHEVALIER.

C'est qu'elle est si rieuse... et les femmes de ce caractère sont bien difficiles à déchiffrer. Nous autres diplomates, nous pénétrons les hommes, nous débrouillons les affaires... mais pour les femmes, ce sont pour nous des effets sans cause, des causes sans effet... le calcul même des probabilités est en défaut avec la femme rieuse.

LE BARON.

Je croyais tout le contraire.

LE CHEVALIER, d'un air sérieux.

Tenez, baron, c'est le ton qui fait la chanson, dit le vieux proverbe... Saisissez-moi, le motif du rire ?.. est-ce le plaisir ? est-ce l'ironie ?..

LE BARON.

L'ironie !..

LE CHEVALIER.

Oui, l'ironie... la moquerie ! que de fortes têtes y ont perdu leur diplomatie... aussi suis-je tout à fait de l'avis du duc qui dit que nous devons imiter la femme rieuse dans sa légèreté. Les grandes affaires ne se font plus sérieusement, mais en badinant. Le diplomate empesé n'est qu'un sot, il ne persuade personne, il ennuie...

LE BARON.

Mais je ne vois pas où vous voulez en venir, le mariage et la diplomatie n'ont aucun rapport entre eux.

LE CHEVALIER, vivement.

Le mariage ?... mais c'est la quintessence de la diplomatie, c'est la diplomatie de tous les moments... les relations sont incessantes entre les deux puissances contractantes et toujours rivales.... pour maintenir la paix, pour éviter la guerre, ce sont des pourparlers, des transactions, des concessions continuelles.

LE BARON.

La comparaison est ingénieuse.

LE CHEVALIER, vivement.

Elle est juste... et dans cette longue négociation de la vie conjugale, l'avantage est toujours pour la femme rieuse... elle aura les rieurs de son côté et, croyez-moi, baron, ce sont des alliés fort dangereux, et le pauvre mari....

LE BARON.

Et le mari ?

LE CHEVALIER.

Aura beau faire, il sera conquis, dominé, mené à la lisière, si ce n'est pis encore...

LE BARON, avec un gros rire.

Vous êtes vieux garçon, monsieur le chevalier !

11.

LE CHEVALIER.

Si vous appelez vieillesse l'expérience, je suis en
effet fort vieux... mais je crois avoir encore la jeunesse de l'activité... d'ailleurs, ce n'est pas là la
question, il s'agit de votre mariage... tenez, à mon
avis, c'est encore un problème !

LE BARON.

Un problème ?

LE CHEVALIER.

Je dis que ce n'est pas encore une affaire faite.

LE BARON.

Ah ! vous croyez ! (*A part*) Qu'est-ce qu'il a donc,
pour jeter des doutes...

> Il se place dans un fauteuil à droite.

LE CHEVALIER.

Ah ! voilà la marquise et la comtesse.

SCÈNE HUITIÈME.

Les mêmes, LA MARQUISE, LA COMTESSE. *

LA MARQUISE.

Et le duc ?..

LE CHEVALIER reçoit les dames avec galanterie.

Mesdames, des affaires secrètes le retiennent dans
son cabinet ; mais il va tout quitter dès qu'il saura
qu'on est ici... je vais lui annoncer cette bonne fortune...

---

* A la droite, la marquise, le chevalier, la comtesse, le baron.

LA MARQUISE.

Ne le dérangez pas.

Elle s'assied à gauche et regarde le baron qui est assis du côté opposé.

LE CHEVALIER, à la comtesse.

Comtesse, vous êtes devenue invisible ; il ne fait jamais jour chez vous, ça donne à penser à vos amis!..

LA COMTESSE, avec ironie.

A mes amis, les méchantes langues...

LE CHEVALIER.

On n'est jamais méchant lorsqu'on se plaint.

LA COMTESSE.

On est méchant lorsqu'on soupçonne.

LE CHEVALIER.

J'aime toujours à vous tourmenter.

LA COMTESSE.

Vous croyez donc au grand mérite de la patience...

LA MARQUISE au chevalier.

Chevalier, que dites-vous de la galanterie du baron ? il a l'air d'être en pénitence, il ne dit rien.

LE CHEVALIER, avec finesse.

C'est peut-être un de ces mots...

LA MARQUISE.

Méchant...

LE CHEVALIER.

Je me sauve... pour vous amener le duc, vous aurez à qui parler.

Il sort.

SCÈNE NEUVIÈME. *

LES MÊMES, moins le CHEVALIER.

LA MARQUISE, au baron.

Mais qu'avez-vous donc, baron ? Vous m'alarmez.
Ne trouvez-vous pas, comtesse, qu'il ressemble à un
Werther ! un air de suicide qui fait peur.

LA COMTESSE.

Il était si heureux, si épanoui en nous quittant ;
il doit être malade : les anévrismes sont à la mode...
réveillez-vous donc, bel endormi.

S'approchant du baron.

LA MARQUISE, se levant.

Voyons, que s'est-il donc passé ?

LE BARON, toujours assis.

Riez, Mesdames, chacun son métier... je médite,
moi, sur un grand problème !

LA MARQUISE.

Un problème ? adressez-vous à la comtesse qui est
un peu bas-bleu.

LE BARON, à la marquise.

C'est pourtant vous seule qui pouvez le résoudre.

LA MARQUISE.

Moi ?

* La marquise, la comtesse, le baron.

LE BARON, se levant. *

, Oui, je pensais au caractère des femmes en général, et au vôtre en particulier... à la femme rieuse... la gaîté est fort agréable pour celui qui rit; mais pour celui qui voit rire et qui ne rit pas, c'est bien différent... Quelle est la cause du rire... est-ce l'expression d'une satisfaction intérieure ou est-ce, comme qui dirait, de la moquerie...

LA MARQUISE, vivement.

Que signifie cet embrouillamini !... Mais j'entrevois cependant dans ce chaos, que cela vous arrangerait de me voir rêveuse comme une petite fille, uniquement occupée de vous... absorbée par vous, ne pensant qu'au bonheur mélancolique du ménage !.. Vous êtes souverainement ridicule, mon cher baron, de vouloir me faire changer de caractère... Je suis ce que je suis... j'aime la gaîté, je déteste les gens tristes et soupçonneux qui finissent toujours par devenir jaloux... N'en parlons plus... reprenez votre caractère... je garde le mien et mon indépendance.

LE BARON, agité.

Comment, vous voulez rompre... ne vous fâchez pas... de grâce, écoutez-moi.

LA MARQUISE, s'éloignant.

C'est fini, je ne veux plus être ennuyée !

---

* La marquise, le baron, la comtesse.

LE BARON, à la comtesse.

En quoi suis-je donc coupable ? Comtesse ! par pitié, prenez ma défense... c'est ce mauvais plaisant de chevalier...

LA MARQUISE.

Ah ! voilà enfin le duc.

SCÈNE DIXIÈME. *

Les mêmes, LE DUC, s'arrêtant au seuil de la porte.

LE DUC.

Pardon, mille fois pardon, Mesdames... me recevez-vous ?

LA MARQUISE, riant.

Oui, et même sans vous faire annoncer... vous venez fort à propos pour assister à une scène de dépit amoureux entre moi et le baron...

LE DUC, il s'assied entre les deux dames vers la gauche.

Oh ! contez-moi cela, marquise. (*A la comtesse*) Le chevalier avait prévu l'événement.

LA COMTESSE, bas au duc.

Car c'est lui qui l'a préparé.

LE DUC, haut, se renversant sur son fauteuil.

Voyons, une scène de romprons-nous ou ne romprons-nous pas... je vous écoute.

Il regarde avec son lorgnon tantôt la marquise, tantôt le baron.

---

* La comtesse, le duc, la marquise, le baron debout, appuyé sur une chaise.

LA MARQUISE, d'un air enjoué.

Vous saurez donc, monsieur le duc, que Monsieur me fait la cour, une cour mystérieuse que je trouvais plaisante...

LE DUC.

J'en étais sûr.

LA MARQUISE.

Monsieur m'offrait des bouquets, et je les acceptais comme on accepte des bouquets ; il m'offre un jour sa main avec un bouquet... j'accepte toujours le bouquet, je ne dis rien sur l'accompagnement.

LE DUC.

Délicieuse !

LA MARQUISE.

Qui ne dit rien, consent, se dit Monsieur... bientôt il devient plus pressant... je trouve sa fatuité originale...

LE DUC.

Hé !... comment... répétez donc ?..

LA MARQUISE.

Monsieur fait ses confidences à la comtesse. Il commence une série de lettres incendiaires, et je m'amuse, moi, à lui faire des réponses dans des billets parfumés et glacés.

LE DUC.

Oh! glacés est charmant.

LE BARON, s'approchant.

Madame, de grâce !

LA MARQUISE, continue.

Monsieur prend mes billets pour de l'argent comptant... cela devient un roman épistolaire, très-varié
quant au style... nous étions deux à le composer, car
la comtesse m'aidait à faire des phrases non com-
promettantes.

LE BARON.

Comment ?

LA MARQUISE, riant,

Nous avons fini par en faire un Byron ! Avons-nous
ri de ses comparaisons ; j'ai été tour à tour pleine
lune, soleil levant, fleur des champs, Aurore, Diane,
Hébé, enfin tout un musée... tout ce que lui appre-
nait son antiquaire, il me l'appliquait...

LE DUC.

Vous êtes adorable.

LE BARON.

C'est affreux, c'est une trahison !

LA MARQUISE, au baron.

Remerciez-moi donc, et ne vous fâchez pas ; j'ai
fait de vous un poëte et un antiquaire.

LE BARON.

Madame, vous abusez !..

LA MARQUISE, au baron.

L'abus est bien de votre côté ; vous abusiez de la
permission qu'on vous avait donnée de m'écrire...
mais je ne me fâchais pas, car ça m'amusait de voir
le train que prenaient les choses dans cette correspondance.

LE BARON, d'un air piqué.

Libre à vous de me compromettre.

LA MARQUISE.

Mais ne voilà-t-il pas que Monsieur veut rompre nos conventions...

LE DUC.

Ah ! ça me regarde, moi.

LA MARQUISE.

Nos conventions étaient formelles de ne recevoir Monsieur que devant la comtesse ; et vous comprenez, monsieur le duc, que cette convention même était une manière délicate de faire entrevoir à Monsieur qu'il était dangereux.

LE DUC,

Vous êtes impayable.

LA MARQUISE.

Eh bien ! Monsieur enfreint la convention en employant la séduction.

Le baron pendant cette scène se fâche, s'impatiente, se rengorge, c'est un jeu muet continuel.

LE DUC, avec ironie.

La séduction... oh ! baron !

LA MARQUISE, souriant.

Oui, la séduction envers mes gens... Il est riche et généreux, il donne des bijoux à ma femme de chambre qui les accepte, il offre des piastres à pleines mains à mon vieux Robert qui les refuse avec indignation... mais elles s'insinuent naturellement dans les poches de mon domestique italien qui, gagné par Monsieur, lui livre tous les secrets de la place.

LE DUC, lorgnant le baron.

Mais c'est contraire au droit des gens!

LA MARQUISE.

Je finis par être bloquée, et dans mes sorties je rencontre Monsieur partout. Nous nous décidons à faire un cours d'antiquité avec la comtesse, Monsieur et quelques Anglais... les Anglais m'ennuyaient ; Monsieur en profite pour m'offrir continuellement son bras... je dois avouer qu'il y a eu des moments où il m'a inspiré de l'intérêt...

LE DUC, se penchant en arrière,

Ça se gâte.

LA MARQUISE, avec finesse,

En voyant ces ruines, je me disais : voilà le sort qui m'attend... je deviendrai un jour comme elles !

LE DUC, vivement.

Oh! jamais!

LA MARQUISE, d'un air mélancolique.

Les ruines isolées sont les premières à crouler... deux ruines qui s'appuient se soutiennent. C'est dans un de ces moments de triste prévision, que mon pied a... glissé, j'allais tomber dans un précipice ; mais Monsieur m'a soutenue...

LE DUC.

Heureux baron !

LA MARQUISE.

Je suis un peu superstitieuse... la reconnaissance

est un devoir... l'isolement porte à la tristesse...
tout cela réuni...

LE BARON, s'approchant.

Oh ! Madame, n'achevez pas !

LA MARQUISE.

Vous craignez que je ne me compromette à mon
tour... Soyez tranquille !... On m'a fait dire, enfin,
un oui assez équivoque, qu'on a pris aussitôt pour
un consentement irrévocable...

LE DUC.

Et les choses en sont venues à ce point ?

LA MARQUISE, se levant.

Nous en étions là .. de notre roman , lorsqu'il
prend fantaisie à Monsieur de me poser des pro-
blèmes... de critiquer mon caractère, de trouver que
ma gaîté est dangereuse pour son repos.

LE BARON.

Mais, Madame, permettez. C'est le chevalier qui
est le seul coupable ; c'est lui qui m'a mis en tête...

LE DUC, se levant.*

Bon, ça va recommencer... mais où est le coupable ?

LE BARON, à la marquise.

Je réclame mon pardon.

LA MARQUISE, au baron.

Je vous trouve insupportable aujourd'hui... vous
me faites mal aux nerfs.

* La comtesse, le duc, la marquise, le baron.

LE DUC, lui prenant la main.

Pauvre petite marquise... calmez-vous... par le
temps qui court, on ne vous comprend plus, vous
autres jolies femmes, capricieuses et charmantes
souveraines !... Vous avez une cour, des courtisans,
des flatteurs ; pour vous plaire, on est capable de tous
les dévouements ; heureux les princes qui seraient
servis comme vous, qui pourraient mener comme
vous tous ceux qui les entourent. Leurs trésors ta-
rissent bientôt par les grâces et les faveurs, et vos
trésors à vous sont inépuisables... tout ce qu'il y a
de grand, de noble, ne se fait jamais sans vous ;
l'art, la poésie, la chevalerie et l'honneur... et
tenez, jusqu'au ruban qui fait courir à la gloire,
tout cela ne vient-il pas de vous ?

LA MARQUISE, au duc.

Je voudrais vous embrasser.

LA COMTESSE.

Et moi, toujours vous écouter.

LE DUC, s'animant.

Voyez-vous cette génération égoïste qui envahit
notre siècle ; elle fuit le bel air des salons pour s'as-
phyxier dans des clubs enfumés... Elle arrivera bientôt à la décrépitude du cœur, sans avoir connu les
enchantements de la jeunesse !... Notre belle langue
elle-même, si noble, si pleine de délicatesse, et qui
est née dans les salons de l'intimité, du génie, avec
l'élégance et la coquetterie, que deviendrait-elle si

elle n'était plus parlée que pour discuter des intérêts égoïstes. Elle serait bientôt envahie, détrônée
par l'argot de la bourse et de l'agiotage... l'habi-
leté remplacerait l'honneur et la distinction : on
finirait par spéculer sur tout... et tout ce qui est
sans prix, serait regardé bientôt comme hors de
cours et de nulle valeur !... Tenez, lorsque je pense
à ces choses-là, tout mon sang bouillonne d'indignation !

LA COMTESSE.

Et quel beau sang encore !

LE DUC.

Merci... oui, nous autres gens de race, nous sen-
tons plus vivement que les autres.. (*Au baron, avec
politesse*) Cette sortie, baron, n'est nullement diri-
gée contre vous... votre choix prouve bien que vous
êtes des nôtres...

LE BARON, saluant.

J'en étais persuadé d'avance, monsieur le duc.

LA MARQUISE, au duc.

Vous êtes charmant... et nous vous menons de ce
pas chez Beautrau pour...

LE DUC.

Ah ! chez Beautrau !..

SCÈNE ONZIÈME. *

Les mêmes, LE CHEVALIER.

LE CHEVALIER, s'approchant du duc, et à demi-voix.

Un courrier du cabinet, avec des dépêches de la plus haute importance, arrive à l'instant de Paris.

LE DUC, montrant le chevalier.

Ah! ça, Mesdames, voilà le coupable, je l'amène chez Beautrau dans une heure, et nous lui ferons son procès séance tenante...

Il s'approche de la cheminée. **

LA MARQUISE, au duc.

Vous ne pourrez peut-être pas venir... ce serait bien contrariant.

LE DUC, distrait.

Moi, vous contrarier! y pensez-vous? je vais donner une heure... et le reste du jour...

LA MARQUISE, riant.

Zaïre vous attendra avec impatience... (A la comtesse) Comtesse!.. vous avez votre voiture; moi, je me charge du baron.

LA COMTESSE, étonnée.

C'est donc à recommencer?

---

* La comtesse, le baron, la marquise, le duc, le chevalier.
** La comtesse, le baron, la marquise, le chevalier, le duc.

LA MARQUISE, riant.

Vous me connaissiez donc bien peu !.. baron ,
voyons, ne boudez pas... donnez-moi le bras.

LE BARON.

Quoi, vous me pardonnez ?

LA MARQUISE.

De n'avoir pas eu le sens commun... cela n'arrive
qu'aux gens d'esprit lorsqu'ils sont amoureux.

LE BARON.

Que je suis heureux !

LA MARQUISE.

Allons, fuyons sans être aperçus.

> Elle sort avec le baron.

SCÈNE DOUZIÈME.

Les mêmes, sans LA MARQUISE et LE BARON. *

LE CHEVALIER, courant après la comtesse :

Comtesse, un seul mot... cette petite marquise
vous absorbe tellement... mais donnez-moi donc
votre heure.

LA COMTESSE.

Vous êtes insupportable avec vos exigences !

* La comtesse, le chevalier, le duc.

LE CHEVALIER.

Vous êtes inqualifiable avec vos brusqueries!.. mais où allez-vous donc ?

LA COMTESSE.

Je vous fuis.

Elle sort.

LE CHEVALIER.

Au revoir chez Beautrau, méchante !

SCÈNE TREIZIÈME.

LE DUC, LE CHEVALIER. *

LE DUC, lisant.

Chevalier!.. arrivez donc !.. chevalier (*impatienté*), et laissez-là ces petites femmes !.. Tenez, le Roi m'a compris; c'est qu'il est bon gentilhomme, lui... Malgré les répugnances de son ministère, il approuve mon idée de placer l'épée de Brennus dans la balance ; elle l'emportera bien sur l'occupation !.. Allons donner cette bonne nouvelle au secrétaire d'Etat, et délivrer Bologne et les légations...

* Le chevalier, le duc.

FIN DU PREMIER ACTE.

ACTE DEUXIÈME.

Atelier de Beautrau, grandes draperies vertes; porte d'entrée dans le fond. Sur le second plan à gauche, un mannequin habillé en femme; des trophées et un autre mannequin, surmonté d'un chapeau de général français avec des plumes tricolores; à droite une grande toile recouverte d'une draperie, et une porte à côté. Sur le devant de la scène, à gauche, un petit tableau de chevalet représentant la grotte de Pausilippe; une grande porte avec portières qui mène aux autres appartements de l'atelier où se trouve une galerie de tableaux.

SCÈNE PREMIÈRE.*

BEAUTRAU, LA COMTESSE.

Au lever du rideau, on voit à gauche Beautrau peignant debout, et près de lui, à droite, la comtesse assise, le regardant peindre.

LA COMTESSE.

Comment se fait-il qu'une femme à principes comme moi, qui passe même pour prude, aime la société d'un homme tel que vous?

BEAUTRAU, peignant.

C'est que vous ne voyez en moi que l'artiste.

LA COMTESSE.

Ce qui me plaît en vous, c'est le naturel, qui est si

---

* Beautrau, la comtesse.

rare aujourd'hui, c'est cette jeunesse de cœur, cette activité qui ne naît ni du besoin ni de l'intérêt, mais qui est spontanée... tout vous sourit, vous êtes riche, et vous travaillez comme l'ouvrier qui meurt de faim.

BEAUTRAU.

C'est la passion de l'art.

LA COMTESSE.

Vous avez toutes les passions, vous... excepté celles qui dessèchent l'âme, et je comprends que vous ayez aussi tous les talents : danse, peinture, musique, poésie...

BEAUTRAU.

Ce ne sont que des langues différentes d'un même sentiment... Dieu n'a-t-il pas créé avec un plan toutes les harmonies de la nature? Ce plan divin existe... qui en pourrait douter?.. et c'est ce plan qui est la science et l'art universel.

LA COMTESSE.

Comme j'aime à vous entendre parler ainsi... vous êtes né pour concevoir le vrai et le beau!..

BEAUTRAU.

Vous allez me gâter.

LA COMTESSE.

Tenez, je crois que c'est tout fait... ou plutôt j'espère qu'on ne vous gâtera jamais complétement, car vous avez un cœur d'or.

BEAUTRAU, souriant.

Oui, un cœur, à ce que prétend le chevalier, qui

est comme une hôtellerie où l'on loge à pied, à cheval et en voiture.

LA COMTESSE.

Ce pauvre chevalier!... L'inconstance est bien votre seul défaut; mais j'aime mes amis tels qu'ils sont... Si vous étiez constant, vous ne seriez pas Beautrau.

BEAUTRAU.

Vous avez bien raison!

LA COMTESSE.

Vous allez donc danser la Saltarelle avec la marquise pour faire une surprise au duc; — mais vous aurez beau faire, ce ne sera qu'une espèce de ballet de commande.

BEAUTRAU.

Et pourquoi?

LA COMTESSE, d'une voix émue.

C'est que je vous ai vu, moi, déguisé en Transtéverin, dansant avec le peuple... vous dansiez alors pour danser, sans vous douter que des mains, frémissantes de jalousie, faisaient étinceler des poignards autour de vous.

BEAUTRAU.

La description est si pittoresque, que j'en ferai un tableau.

LA COMTESSE.

Et placez dans le fond une ombre amie qui a senti pour vous tous les dangers.

BEAUTRAU, se retournant et cessant de peindre.

En vérité!

LA COMTESSE.

Tenez, il faut toujours une ombre au tableau; mais ce n'est pas l'ombre de la jalousie que vous placerez-là, entendez-vous?

BEAUTRAU, appuyé sur le dos d'une chaise.

Oh! je le sais.

LA COMTESSE.

Dites-moi, Beautrau, que pensez-vous de la marquise?

BEAUTRAU, regardant son tableau, et d'un air distrait.

De la marquise...

LA COMTESSE.

Oui, de la marquise, comment la trouvez-vous?

BEAUTRAU.

Pas mal.

LA COMTESSE.

Oh! elle est charmante, mais c'est pour moi une énigme... malgré que nous nous voyons tous les jours depuis trois mois qu'elle est ici.

BEAUTRAU, toujours distrait et se mettant à peindre.

On pourrait trouver peut-être le mot de cette énigme.

LA COMTESSE, vivement.

Ne le cherchez pas, Beautrau, il y aurait du danger pour vous!...

BEAUTRAU, souriant et se retournant.

Pour moi? tenez, charmante comtesse, je n'ai peur d'aucun danger... je suis de glace pour la coquetterie... et pour la passion, elle ne me réduira jamais en cendres... c'est un cœur calme qui pourrait seul m'attacher... un cœur qui ressemblerait à un beau jour sans nuages... Je déteste les orages chez les autres, car je les trouve toujours en moi... il faut, pour me séduire, ce que je n'ai pas : le calme et la constance.

LA COMTESSE.

En vérité !

BEAUTRAU, la regardant.

Oui, un caractère confiant qui serait porté à absoudre le passé, qui saurait faire une large part aux caprices du présent, et peut-être même de l'avenir... car tenez, le caprice, c'est le voyageur ; le vrai sentiment, c'est l'habitant qui finit toujours par devenir seul propriétaire.

LA COMTESSE, baissant les yeux.

Vous avez fait là un portrait?

BEAUTRAU, avec mélancolie.

C'est l'esquisse d'un rêve de bonheur.

LA COMTESSE, souriant.

Je croyais que vous ne rêviez jamais qu'au plaisir.

BEAUTRAU.

Le plaisir... il est comme notre ombre ; il nous poursuit, ou bien nous courons après lui, tandis que le bonheur se trouve souvent à côté de nous, invisible comme un ange gardien.

LA COMTESSE, agitée,

Beautrau !

13

BEAUTRAU, s'asseyant près de la comtesse.

En artiste, je me suis représenté le bonheur comme
une étoile fixe et silencieuse au milieu d'un ciel pur,
et le plaisir comme cette fausse étoile qui s'éteint
en tombant.

LA COMTESSE, souriant avec bonheur.

Vous croyez donc que le bonheur n'est qu'au ciel ?

BEAUTRAU, avec un soupir.

Oh! oui, décidément il vient du ciel, car il n'est
que dans la vertu et dans l'amitié pleine de dévoue-
ment.

LA COMTESSE, avec finesse.

Entre l'amitié et l'amour, quelle différence voyez-
vous ?

BEAUTRAU, souriant.

La même qu'entre une idole et un portrait chéri...
on brise l'idole et on garde toujours l'image fidèle...

LA COMTESSE, se levant.

Quand ferez-vous mon portrait, Beautrau ?

BEAUTRAU, avec feu.

Jamais, car ce ne serait qu'une mauvaise copie
d'un modèle inimitable...

LA COMTESSE, d'un air tendre et lui tendant la main.

Flatteur... allez, on vous aime bien... d'*amitié*...

BEAUTRAU, lui baisant la main avec passion.

Et on vous aime bien aussi, mais...

LA COMTESSE, lui mettant la main sur la bouche.

N'achevez pas ! vous finiriez par me briser...

SCÈNE DEUXIÈME.

Les mêmes, JULIETTE, allant à droite, Beautrau au milieu.

JULIETTE, s'arrêtant avec dépit.

Ah ! pardon d'avoir dérangé la compagnie... j'apporte ici le costume de madame la marquise.

LA COMTESSE.

Entrez, Juliette... et où est donc votre maîtresse?

JULIETTE.

Je l'ai rencontrée quittant le Corso avec M. le baron, et brûlant le pavé dans une calèche découverte; ils ne m'ont pas même aperçue.

LA COMTESSE.

Comme il doit être fier et satisfait, ce bon baron.

JULIETTE, avec malice.

Mais, dam ! je vois aujourd'hui que tout le monde est content.

BEAUTRAU, déposant sa palette et ses pinceaux.

Dites donc, Juliette... le baron doit avoir l'air d'un triomphateur... la marquise ne lui a-t-elle pas mis une couronne de laurier sur la tête...

JULIETTE.

Patience, ils ne sont pas encore mariés.

BEAUTRAU.

Petite espiègle... mais le mariage est décidé.

JULIETTE.

Qui sait? car les veuves, ça se décide difficilement;

elles sont libres de choisir, et lorsqu'on est libre,
voyez-vous, on ne s'ennuie guère en attendant...
Madame la comtesse, qui est veuve aussi, en sait
quelque chose...

LA COMTESSE, piquée.

Vous feriez mieux, Juliette, de ne vous occuper
que de votre maîtresse, et de ne pas vous mêler...

JULIETTE.

Je ne me mêle de rien, Madame, mais j'ai des yeux,
des oreilles, et puis une langue qui profite aussi de
sa liberté.

BEAUTRAU, à la comtesse.

Laissez-la dire, elle ne fait de mal à personne en
babillant; elle est dans son rôle.

JULIETTE, piquée à son tour.

Mon rôle... allez, vous êtes un bien mauvais sujet,
monsieur Beautrau, et vous êtes toujours aussi dans
votre rôle... vous n'épargnez personne, vous...

BEAUTRAU, riant.

Vous voulez dire que je n'oublie personne.

JULIETTE, avec dépit.

Vous devez avoir alors une fameuse mémoire...
oh! M. le chevalier vous a bien défini... en disant
que votre cœur c'est une auberge.

BEAUTRAU, riant.

Ah! il a dit ça?

JULIETTE, vivement.

Oui, il a dit ça.

BEAUTRAU, riant.

Alors dites-lui de ma part, que je vais peindre une enseigne pour cette auberge, celle du chevalier de la triste figure... ça me fera fermer boutique.

LA COMTESSE, à Juliette.

Oh! ne lui redites pas cela, Juliette.

JULIETTE

Et pourquoi pas, Madame?... Au reste, vous avez raison, ça ne me regarde pas; je ne suis pas encore de l'ambassade pour vous surveiller!

LA COMTESSE.

Qu'avez-vous donc, Juliette?

JULIETTE.

Ce que j'ai... J'ai mon petit bonhomme d'esprit à moi... je pense, et je me dis : oh! les veuves, les veuves!... si je savais écrire, comme on dit, un journal... je vous mitonnerais un fier article sur les veuves... (*à Beautrau, tout bas*) Et vous, vous êtes un monstre, monsieur Beautrau, un superbe monstre, c'est vrai, mais toujours un monstre!.. je m'étais gentiment pressée pour vous trouver comme l'autre jour, et v'là monsieur qui...

BEAUTRAU, à part à Juliette.

C'est donc un dépit personnel... pauvre petite... voyez-vous, mon enfant, c'est fini, je vous le répète, je ferme boutique.

JULIETTE.

Oui, la semaine des quatre jeudis. Confidence pour confidence... je change aussi de position, moi!..

13.

mardi prochain, monsieur Beautrau, je quitte la
marquise. Je me fais modiste, et j'unis ma destinée
à un employé de l'ambassade, à M. Louis, le maître-
d'hôtel du duc.

BEAUTRAU.

Oh! Madame Louis devient alors personnage diplomatique.

JULIETTE.

Oui, nous verrons venir, comme on dit, les évé-
nements! J'aurai un amour de magasin de modes...
ce sera petit, mais coquet... ça se recommandera de
soi-même... Tenez, je me charge de la toilette de
vos mannequins, monsieur Beautrau... et si madame la comtesse a l'idée de renouveler son trousseau
en changeant de nom, elle trouvera chez moi toutes
les plus fraîches nouveautés, arrivées tout chaud de
Paris par courrier de cabinet...

LA COMTESSE.

Et vous quittez décidément la marquise?

JULIETTE.

C'est elle qui m'abandonne, Madame, en se ma-
riant. Voyez-vous, on ne peut pas servir deux maîtres
à la fois... et puis, je ne veux pas lui donner de
l'ombrage.

LA COMTESSE.

C'est bien délicat de votre part, Mademoiselle.

JULIETTE.

Ce que je vous dis là, madame la comtesse, c'est
bien entre nous, car je suis d'une discrétion que je

ne trouve pas chez les autres, je vous l'assure... oh !
si je voulais dire tout ce que je sais !... La marquise ne me remplacera jamais !... Que voulez-
vous... chacun a sa carrière !... mais j'oublie que je
dois préparer le costume de Madame.

BEAUTRAU.

Par ici, Juliette.

Il sort avec Juliette par la petite porte de droite au
moment où entre le baron.

SCÈNE TROISIÈME.

LA COMTESSE, LE BARON.

LA COMTESSE.

Comment, tout seul !

LE BARON, l'air satisfait.

La marquise me suit; l'ambassadeur de Portugal
est à sa portière et meurt d'envie de savoir où j'en
suis avec elle ; elle m'a fait descendre au coin du
Corso, pour lui donner le change.

LA COMTESSE.

Heureux baron, vous êtes tout rayonnant.

LE BARON.

Et où est donc M. Beautrau?

LA COMTESSE.

Il est allé préparer les mystères, qui seront bientôt dévoilés, à l'arrivée du duc... mais contez-moi
donc, baron, votre conversation avec elle...

LE BARON.

Nous étions fort raisonnables.

LA COMTESSE.

Ah !

LE BARON.

Nous avons parlé de nos affaires, de nos projets
d'établissement... vous savez que je suis affligé d'une
grande fortune... en terres de rapport, en châteaux,
en capitaux... ma future ne se doutait pas de tout
ce Pactole.

LA COMTESSE.

En vérité !...

LE BARON.

La source de ces richesses est fort honorable... tout
cela provient des fournitures pendant les campagnes
d'Espagne du temps de l'Empire... c'est de l'ancien
régime, comme vous voyez... Ma famille a joué alors
un très-grand rôle dans les fournitures, c'est-à-dire
mon père et mes trois oncles ; j'en ai encore un...
tenez, qui versera dans mes caisses quelques millions
après sa mort.

LA COMTESSE.

Vous avez avoué tout cela à la marquise ?

LE BARON.

Elle a trouvé que c'était fort convenable, et nous
avons déjà fait un petit plan charmant... nous
serons comme des oiseaux de passage, tantôt à Paris
dans un hôtel superbe, Chaussée-d'Antin, tantôt en
Italie pour la mauvaise saison : nous ferons la na-
vette pour tisser...

LA COMTESSE.

La trame dorée de votre existence.

LE BARON.

C'est cela même... nous nous convenons! j'ai de l'argent, elle a des relations; elle ne sera pas jalouse, et je serai coulant ou plutôt rond en affaires... pour faire aller grandement la maison.

LA COMTESSE.

Et ça ira comme sur des roulettes.

LE BARON.

La vie se passera gaîment... car j'accepte la gaîté, moi... je veux que ma femme s'amuse, qu'elle ait à qui parler dans ses salons, qui seront toujours remplis de gens aimables, de femmes spirituelles et charmantes comme vous.

LA COMTESSE.

Merci, c'est très-bien amené.

LE BARON.

Je ferai la cour aux dames, et ma femme...

LA COMTESSE.

Ne fera pas, j'espère, la cour aux messieurs !

LE BARON, avec un gros rire.

Non, bien entendu; mais elle saura, comme elle me l'a déjà déclaré, les attirer par une innocente coquetterie... Notre hôtel sera aussi le rendez-vous des notabilités sociales... Ministres, pairs, députés, académiciens, artistes, littérateurs, y trouveront sur les tables et les guéridons, ce qui leur convient, des ouvrages illustrés, des albums.

LA COMTESSE.

N'oubliez pas les caricatures.

LE BARON.

Va même pour les caricatures; il y aura de tout pour tous, et puis, force dîners fins, et tous les soirs illumination à jour des appartements, glaces, rafraîchissements de toute espèce.

LA COMTESSE.

Vous allez vous ruiner.

LE BARON.

Soyez sans inquiétude, comtesse, j'ai de quoi faire face à tout, et puis, j'oubliais l'essentiel... et la musique donc; nous en ferons faire beaucoup, ma femme chante elle-même comme une sirène... et pour la clôture de la saison, un bal superbe, peut-être même deux... trois... que sais-je !

LA COMTESSE.

On ne fera que parler de vous.

LE BARON.

Je l'espère bien... et ça me fera arriver naturellement...

LA COMTESSE.

Où donc ?

LE BARON.

C'est notre secret... un secret d'État et de ménage.

LA COMTESSE.

Heureux mortel, mari content, homme d'État fortuné... au milieu de ces grandeurs vous ne voudrez plus me reconnaître, moi.

LE BARON.

Oh! comtesse... mais vous êtes faite pour être reçue partout.

LA COMTESSE.

Vous croyez!

LE BARON.

Vous avez un nom, un titre, probablement une fortune indépendante ; vous pourrez trouver aussi, comme la marquise, un second mari...

LA COMTESSE.

Comme vous, n'est-ce pas?

SCÈNE QUATRIÈME.

Les Mêmes, LE CHEVALIER.

LE CHEVALIER.

J'ai perdu le duc en route ; il a aperçu la marquise, et ils sont à causer dans la rue; c'est la journée des à-parté, des chuchotements et des mystères.

LE BARON, regardant sous la tapisserie de gauche.

Mais il y a ici des tableaux charmants... je m'en donnerai quelques-uns.

Il sort.

SCÈNE CINQUIÈME.

LE CHEVALIER, LA COMTESSE. *

LE CHEVALIER, à la comtesse.

A nous deux maintenant.

LA COMTESSE.

Que me voulez vous?

LE CHEVALIER.

Une explication.

LA COMTESSE.

Mais de quel droit?

LE CHEVALIER.

Du droit... du droit des gens qui se croient lésés.

LA COMTESSE.

Par qui?

LE CHEVALIER.

Mais, par vous donc.

LA COMTESSE.

Par moi! mais quelle fatuité! êtes-vous mon
mari ou mon tuteur?

LE CHEVALIER.

Trêve de plaisanterie.

LA COMTESSE.

Trêve de persécution.

---

* La comtesse, le chevalier.

LE CHEVALIER.

Vous savez bien que j'ai un culte pour vous; c'est le secret de mon existence.

LA COMTESSE.

Gardez votre secret dans votre portefeuille diplomatique avec vos autres secrets d'État.

LE CHEVALIER.

Tenez, vous êtes adorable, même en vous fâchant, vous n'en êtes que plus piquante.

LA COMTESSE.

Ne perdez pas votre temps à me faire des compliments.

LE CHEVALIER.

Je croyais être impertinent... mais savez-vous bien à quoi je vise.

LA COMTESSE.

Je ne veux pas le savoir.

LE CHEVALIER.

Vous le saurez pourtant, car il faut que vous le sachiez... Nous autres hommes d'État, nous sommes écrasés, desséchés par les affaires. Nous avons besoin de cette intimité qui nous ranime par l'échange des idées, et il n'y a que la société d'une femme spirituelle et sensible qui fasse naître les idées vraies... Je ne vous demande pas votre main... je ne vous demande pas votre cœur... mais votre société... tenez, je n'ai compris la Béatrix du Dante, que je traduis, qu'après une soirée que j'ai passée chez vous !... Je ne suis ni un roué,

14

ni un céladon ; mais un Français qui a besoin de
causer... je ne vous demande que l'aumône d'une
bonne causerie de temps en temps, pour vous parler,
non de mon amour, mais de mes amours, du Dante,
de Pétrarque...

LA COMTESSE.

Pauvre chevalier !

LE CHEVALIER.

Oh ! vous me comprenez maintenant !.. Tenez,
vous êtes ici la seule femme qui soit à la hauteur de
ce genre d'entretien... sans en excepter la marquise... Aimez qui vous voudrez, c'est votre affaire ;
moi, je ne réclame que de la bienveillance !... Soyez
Française pour moi... loin de la France, vous me la
représenterez... je vous aimerai comme ma patrie...
dont vous savez la devise : c'est l'honneur !

LA COMTESSE, souriant avec bienveillance.

Vous voulez donc trouver une patrie dans mon
salon ? rien que cela ?

LE CHEVALIER.

C'est ce que vous m'empêchez de vous dire depuis
trois mois ; oui, rien que cela.

LA COMTESSE, lui donnant la main.

Eh bien, soit ; vous la trouverez.

LE CHEVALIER.

C'est entendu. Mais soyez plus expansive ; laissez-
vous connaître davantage ; ne nous abandonnez pas,
le duc et moi... faites-nous vivre de cette vie de société qui est pour nous autres vieillards l'étincelle
qui éclaire et qui fait vivre.

SCÈNE SIXIÈME.

LE DUC, LA MARQUISE, LA COMTESSE, LE CHEVA-
LIER, LE BARON, BEAUTRAU.

LE DUC, entrant avec la Marquise, un lorgnon à la main, et
regardant l'appartement.

C'est du meilleur goût... comme ce désordre est
bien arrangé... il n'y a que la jolie femme et l'artiste pour faire la toilette de leur appartement...
Chevalier ! le secrétaire d'État est enchanté de nous.

LE BARON, au duc.

Monsieur le duc, pardon... la nouvelle de l'occupation des légations court les rues de Rome.

LE DUC.

Tenez, laissez-la courir, baron ; c'est le moyen de
la faire tomber !...

LE BARON, au chevalier.

Que veut-il dire ?

LE CHEVALIER.

A bon entendeur, salut !... cherchez !

LE DUC, lorgnant.

Beautrau, qui est cette dame là-bas ?

Montrant le mannequin.

BEAUTRAU.

C'est un mannequin, monsieur le duc.

LE DUC.

Ah! ce n'est pas dangereux... Et ce grand panache

qui a trempé dans la révolution ; c'est plus compro-
mettant, ça...

BEAUTRAU.

C'est un chapeau pour mon tableau du Héros des
Pyramides...

LE DUC, s'approchant du chevalet et lorgnant de près le
tableau.

Ah ! voilà qui est ravissant... Oh ! cette montagne
qui coupe la vue de la mer... c'est dommage... et
tout ce monde qui entre dans la montagne... qu'est-
ce que tout cela signifie ?..

BEAUTRAU.

C'est la grotte de Pausilippe près de Naples, monsieur le duc.

LE DUC.

La grotte de Pausilippe... ah ! il a raison... et ces
brimborions dans la grotte ?...

BEAUTRAU.

Ce sont des lanternes, monsieur le duc.

LE DUC.

Des lanternes... (*comptant les lanternes*) une,
deux, trois, quatre lanternes... y en a-t-il des lanternes... C'est fort joli !... mais, mon cher, je ne
m'oriente pas... où est donc Naples, par rapport à
la grotte ?

BEAUTRAU.

Devant le tableau, monsieur le duc, comme qui
dirait derrière vous.

LE DUC, se retournant vivement avec son lorgnon.

Eh !...

LA MARQUISE, riant.

Je suis Naples...

LE DUC.

Elle est moins jolie que vous... et je vois aussi un Vésuve dans vos yeux... Beautrau, dites-moi le proverbe : voir Naples et puis mori... dites ça, mais en bon italien.

BEAUTRAU.

Veder Napoli e poi mori !

LE DUC.

E poi mori... cette langue italienne a une douceur d'expression... (*à part*) Beautrau... à propos, et le croquis du chérubin... n'oubliez pas ça...

BEAUTRAU.

J'ai fait mieux que cela, monsieur le duc.

LE DUC.

Oh! voyons, ne me faites pas *mori*.

BEAUTRAU.

Si vous voulez vous placer là, devant cette draperie.

LE DUC.

J'y suis... voyons.

Sur la droite on découvre le portrait en pied de la marquise que les spectateurs ne voient pas.

Oh! c'est elle.... mais c'est admirable!... C'est la marquise dans toute sa coquetterie... mais c'est trop vrai pour être un portrait! (*Marchant vers le portrait et le lorgnant*) Ah! c'est qu'elle pose elle-même derrière ce cadre...

14.

LA MARQUISE, au duc et l'arrêtant.

Non, elle est encore comme Naples, derrière vou .

LE DUC, avec galanterie.

Je me rends, car je suis pris entre deux feux...
mais c'est que c'est incroyable... et vous avez fait
cela d'idée... et depuis hier?

LE CHEVALIER, à Beautrau.

Laissez-lui croire cela.

LE DUC, toujours lorgnant le tableau.

Mais vous peignez à la vapeur, mon cher... oh ! il
est vraiment artiste... Ce tableau m'appartient, Monsieur, je le prends... La surprise dépasse bien mon
attente !.. (*toujours lorgnant*) c'est son petit pied
sans pareil... et cette délicieuse petite main... qu'est-
ce qu'elle tient donc là... un chapelet ?..

BEAUTRAU.

Non, monsieur le duc, c'est une chaîne.

LE DUC, avec finesse.

Ah ! oui, c'est plus dans le caractère.

LA MARQUISE.

C'est assez me regarder, monsieur le duc, ce n'est
que le premier acte de la surprise...

LE DUC.

Si ce n'est pas encore vous dans le second acte,
je fais la cabale, je siffle... oh ! laissez-moi encore
regarder cette petite moue... c'est tout à fait ça...

Pendant cette tirade la marquise sort pour s'habiller.

SCÈNE SEPTIÈME.

LES MÊMES, sans la MARQUISE.

LE DUC, à Beautrau.

Je vous fais bien mon compliment ; c'est un chef-d'œuvre... il n'y a que le génie ou ce qui l'inspire qui puisse faire faire des choses aussi parfaites.

LE BARON, à Beautrau.

Ce portrait me regarde, monsieur Beautrau ! .

LE DUC, haussant les épaules.

Mais il regarde tout le monde et de tous côtés, mon cher baron... oh ! il est incroyable avec ses observations.

LE BARON.

Je veux dire, monsieur le duc...

LE CHEVALIER.

Seriez-vous jaloux, même du portrait ?

LE BARON, au chevalier.

Mais vous sentez bien que ce portrait ne saurait être suspendu que...

LE CHEVALIER.

Vous deviendrez une espèce d'accapareur.

LE BARON.

Cependant les convenances...

LE CHEVALIER.

Vous oubliez que c'est le portrait de la marquise et non de la future baronne.

BEAUTRAU.

Si monsieur le duc et la société voulaient passer
pour un moment dans les autres appartements...
nous pourrions arranger ici... et nous ferons savoir
dès que ce sera prêt.

LE DUC, lorgnant de tous les côtés.

Et où est donc la marquise ?

BEAUTRAU, souriant.

Elle se prépare, je crois, pour le second acte de
la surprise.

LE DUC.

A la bonne heure... madame la comtesse, permet-
tez-moi de vous offrir le bras... à moins que vous
ne figuriez aussi...

LA COMTESSE.

Je ne me déguise jamais, moi.

LE DUC.

Pas même votre pensée.

LA COMTESSE.

Si vous appelez le silence un déguisement, ça m'arrive quelquefois, même avec mes amis.

LE DUC.

Le silence est quelquefois très-éloquent ; mais
puisqu'on nous renvoie, obéissons. Madame, je vous
suis. (*A la comtesse*) On n'encadrera j'espère, pas le
baron, pour l'exposer à notre admiration !... baron !
chevalier ! suivez-nous donc. Vous savez qu'on
n'admet que les acteurs derrière les coulisses.

LE CHEVALIER, entraînant le baron.

Allons, baron, détachez-vous de ce portrait pour un moment.

On part, excepté Beautrau qui accompagne le monde et qui baisse la portière après que la société est sortie. Il revient sur la scène, une guitare à la main.

SCÈNE HUITIÈME.

BEAUTRAU, LA MARQUISE, JULIETTE.

JULIETTE, arrangeant la toilette de la marquise qui est costumée en Transtéverine.

Permettez, Madame, que j'arrange encore ce bouquet.

LA MARQUISE, impatientée.

Ça suffit, Juliette... retire-toi... mais retirez-vous donc... Mademoiselle...

JULIETTE, sortant.

On se retire, Madame, on se retire... (A part) Oh ! elle va lui donner une fière danse.

SCÈNE NEUVIÈME.

LA MARQUISE, BEAUTRAU.

BEAUTRAU.

Qu'avez-vous, Madame, vous êtes agitée ?...

LA MARQUISE, va s'assurer si l'on n'écoute pas aux portes, et revient vivement à Beautrau.

Ce que j'ai !... et vous osez me le demander !..

BEAUTRAU.

Madame, vous m'étonnez.

LA MARQUISE, avec passion.

Taisez-vous et écoutez-moi... vous ne savez pas quel sang coule dans mes veines ; je suis Française par l'éducation, mais ma mère était une Gomez !

BEAUTRAU.

Faites-moi grâce, Madame, de votre généalogie

LA MARQUISE.

Savez-vous qu'une Gomez est capable de tout !

BEAUTRAU.

Je désire vivement l'ignorer.

LA MARQUISE.

Vous voulez donc me pousser à bout ?

BEAUTRAU.

Bien au contraire, je désire danser avec vous.

LA MARQUISE.

Vous ajoutez l'ironie à l'outrage, vous... vous osez faire la cour à la comtesse, à cette perfide amie...

BEAUTRAU.

Epargnez la comtesse, Madame. C'est une femme qui commande l'estime et le respect.

LA MARQUISE.

Juliette m'a tout dit, et vous osez soutenir encore que vos tête-à-tête...

BEAUTRAU.

Ah ! ça, madame la marquise, sur quelle herbe

avez-vous donc marché aujourd'hui... que voulez-vous de moi... dans quelles relations sommes-nous... Vous êtes libre comme l'air... vous êtes veuve ; personne n'a le droit de vous empêcher de marcher au grand jour ; mais il vous plait de jouer à cache-cache ; c'est une fantaisie comme une autre... le mystère vous plaît, et vous vous couvrez d'une mante pour entrer furtivement dans mon atelier, le doigt sur la bouche comme la statue du Silence.

LA MARQUISE.

Monsieur !

BEAUTRAU.

Au lieu de poser tranquillement, vous vous amusez à me lancer des œillades assassines pour voir l'effet qu'elles produisent sur moi, mais je suis cuirassé contre la coquetterie.

LA MARQUISE.

Vous n'êtes qu'un fat.

BEAUTRAU.

Nullement, mais je ne suis pas un sot. Vous vouliez me tourner la tête, et faire de moi une espèce de crétin... ça ne vous a pas réussi, mais.. vous êtes jolie femme, je suis artiste... vous aimez à rire, et moi aussi... va pour le rire... nous rions, nous plaisantons... vous entendez fort bien la plaisanterie... En attendant, votre portrait s'achève, et il réussit, car j'ai saisi votre séduisante physionomie...

LA MARQUISE.

Continuez, je vous écoute avec patience.

BEAUTRAU.

J'ai fini, Madame... et je vous le demande, qu'y a-
t-il de sérieux dans tout cela ?... point de déclaration... point de promesses... nous restons ce que
nous sommes, libres... vous, d'épouser votre riche
baron, et moi, de rechercher la main de la comtesse.

LA MARQUISE.

Elle !... Et si je vous offrais la mienne... moi !

BEAUTRAU.

Vous... vous êtes bien sûre que je ne l'accepterais
pas.

LA MARQUISE.

Oh! vous ne vous imaginez pas ce que c'est qu'une
âme ardente, passionnée... une âme espagnole...
Elle ne vous comprendra jamais ; moi seule j'aurais
su vous apprécier, je vous aurais tout sacrifié... position, succès....

> Pendant ce temps le duc, le baron, le chevalier, la
> comtesse, soulèvent le rideau de la portière pour
> écouter ce qui se dit.

SCÈNE DIXIÈME.

LA MARQUISE, BEAUTRAU, LE DUC. LE BARON,
LE CHEVALIER, LA COMTESSE.

BEAUTRAU.

Ne sacrifiez rien, je vous en conjure... vous ne
vous connaissez pas vous-même... vous prenez le

dépit pour quelque chose de sérieux... chassez le dépit, et vous verrez que...

LA MARQUISE.

Ainsi tout est donc fini entre nous... Eh bien, tenez, je sais être généreuse, je vous pardonne, mais
je n'oublie pas.

BEAUTRAU.

Et moi, je serai plus magnanime encore ; je pardonne et j'oublie.

LA MARQUISE.

Oh ! c'est trop fort... tenez, je vous hais maintenant.

BEAUTRAU.

J'en étais sûr... (*S'apercevant qu'on les regarde,
bas à la marquise*) On nous écoute ! (*Haut en changeant de ton*). Ce n'est pas ça, marquise... ça ne va
pas du tout ; il faut recommencer la scène, car vous
avez oublié votre rôle...

LA MARQUISE, riant.

Vous croyez ! (*haut et changeant de ton*) Eh bien,
remettez-vous à droite... et recommençons (*jouant
la villageoise*). « Oui, mon cher Fabio, vous avez
« beau dire, mais je danserai la saltarelle pour le
« seigneur de notre village, pour notre bon duc, qui
« est même si bienveillant pour vous, Fabio... ne
« soyez pas jaloux de lui, mon berger, l'attachement
« que je lui porte est innocent comme mon cœur...
« s'il me distingue parmi les filles du hameau, c'est

15

« qu'il me croit la plus sage et la plus fidèle à mon
« fiancé... »

LE DUC, le baron, le chevalier et la comtesse
applaudissant.

Bravo... c'est charmant... bravissimo... continuez.

LA MARQUISE, feignant l'étonnée.

Mais c'est une trahison !

LE BARON, à la marquise.

Oh ! mais recommencez donc la scène...

LA MARQUISE, se jetant dans un fauteuil.

C'est fini... vous avez fait manquer la surprise...
je ne recommencerai plus... je ne danserai plus. .

LE BARON, s'approchant d'elle.

Adorable marquise, ne soyez pas inexorable...
Monsieur le duc, mais joignez-vous donc à nous...

LE DUC, avec ironie.

Oh! marquise, et le petit pas de deux !..

LA COMTESSE, bas à Beautrau.

Je savais tout... et j'oublie... moi.

BEAUTRAU, déposant sa guitare, bas à la comtesse.

J'y comptais.

LE CHEVALIER, au duc.

Qu'en dites-vous, monsieur le duc ?

LE DUC, au chevalier ; à part.

Elle est de première force !... mais vous avez raison de préférer l'esprit de la comtesse... oui, la com-

tesse a un charme tout particulier dans la conversation... quelle différence avec l'autre...

Montrant la marquise.

LE BARON, au duc.

Mais quel est donc le titre de la pièce qu'on allait
jouer ?

LE DUC.

La pièce qu'on vous a jouée, est, je crois, intitulée
la Surprise d'amour... n'est-ce pas, marquise?...
oh ! vous vous êtes surpassée... mais vous avez l'air
bien fatigué.

LE CHEVALIER, bas à Beautrau.

Je ne savais pas qu'elle aussi était descendue dans
votre hôtellerie.

BEAUTRAU, souriant

Elle ne s'y est pas arrêtée.

LE CHEVALIER.

Ah !

LA MARQUISE.

Il faut que je me débarrasse de ce costume qui me
gêne.

Elle se lève et sort par la petite porte de droite.

SCÈNE ONZIÈME.

Les Mêmes, sans la Marquise.

LE BARON, suivant la marquise.

Marquise, attendez donc... je vous suis... (*Revenant au chevalier*) Je pars, c'est à dire nous partons

immédiatement pour Paris, moi et ma promise. Auriez-vous la bonté de nous faire délivrer nos passeports au plus vite ?

LE CHEVALIER.

Vous les trouverez chez vous, cher baron.

LE BARON.

Grand merci... (au duc) Pardon, monsieur l'ambassadeur, la marquise se sent si mal qu'elle se verra dans l'impossibilité de se rendre à votre invitation pour dîner... et moi aussi, monsieur le duc, je suis moi-même désolé de me voir forcé...

LE DUC.

Oh ! mon cher baron, je prévoyais bien votre désertion... Mais courez donc la soigner... tenez, le voyage lui fera du bien... veuillez me mettre à ses pieds... A propos, baron... je vois que vous tenez beaucoup au portrait... je vous en fais noblement le sacrifice.

LE BARON.

Monsieur le duc, je m'attendais à ce procédé de votre part. .

LE DUC.

Oui, c'est dans les convenances... allons, bon voyage, cher baron... bonne chance...

TOUS.

Bon voyage.

LE BARON, à Beautrau.

Grand merci... recevez mes adieux... Monsieur Beautrau, nous arrangerons par correspondance l'affaire du portrait.

SCÈNE DOUZIÈME.

LES MÊMES, sans le baron.

LE DUC, s'approchant de Beautrau, et le prenant par
l'oreille.

Mais vous êtes un petit Richelieu, mon cher !

BEAUTRAU, souriant.

Monsieur le duc, dès aujourd'hui je me range.

LE DUC, souriant.

Oui, pour laisser passer la marquise ! C'est ça...
Tenez, entre nous, chère comtesse, notre marquise
a beau descendre des Gomez... elle sent un peu l'a-
venture... et le pauvre baron ! oh ! en aura-t-il des
surprises, lui ! ce sera une cascade de surprises...
mais vous nous restez, chère comtesse, nous serons
toujours vos fidèles, nous... Ecoutez donc, il me
vient une idée... (on entoure le duc) non, non, c'est
une question que je veux vous faire... Voyons, approchez-vous tous, ce n'est pas un secret... Entre le baron et la marquise... dites... lequel des deux est le
plus à plaindre ?...

LE CHEVALIER.

Cela dépend de la manière dont la question sera
posée.

LE DUC.

Comment ça ?

LE CHEVALIER.

Je commence par dire comme le duc : ce pauvre

baron, oh ! ce pauvre baron... en aura-t-il des surprises... c'est bien lui alors dont le sort est déplorable... la marquise devient une espèce de Sémiramis, et lui un pauvre Ninus.

LE DUC.

Il a raison !

LE CHEVALIER.

Mais si, d'un autre côté, je dis, ce que monsieur l'ambassadeur ne manquera pas de répéter avec moi... cette délicieuse petite marquise, cette frêle créature... si gracieuse... si spirituelle... elle est bien à plaindre en épousant une espèce de butor... qui la rendra peut-être bien malheureuse !

LE DUC, préoccupé.

Il connaît son monde, lui... c'est que c'est tout à fait ça... (S'animant) Oui, la marquise devient dès lors intéressante, très-intéressante, victime même... et qui vous dit qu'elle n'épouse pas un monstre, un jaloux, un Barbe-Bleu... Il en a l'encolure : j'ai toujours eu de la répugnance pour cet homme-là ! on ne sait d'où il sort, ni ce qu'il est... et puis, cette petite femme n'est pas méchante, elle n'est pas médisante, elle ne dit de mal de personne que je sache... et nous, nous avons été... sans pitié pour elle... moi surtout... j'ai de véritables scrupules de l'avoir jugée avec tant de rigueur... non, je ne me pardonne pas d'avoir été injuste et même ingrat envers elle... tenez, elle nous manquera, elle nous manquera même beaucoup.

SCÈNE TREIZIÈME.

LES MÊMES, LA MARQUISE.

LA MARQUISE, en châle et chapeau.

Je ne manque jamais à mes amis.

LE DUC, surpris.

A la bonne heure! ça s'appelle avoir l'esprit d'à-propos... vous êtes une charmante et bonne petite fée.

LA MARQUISE.

N'est-ce pas? et qui mène ses amis de surprise en surprise.

LE DUC.

Espiègle, vous étiez donc là!... mais c'est un tour de page... Beautrau, entendez-vous... (*bas*) je tiens toujours à avoir mon chérubin.

LA MARQUISE.

En m'habillant derrière cette tapisserie pour votre dîner, j'ai entendu la fin de votre conversation... Tranquillisez-vous, je vous arrive toute seule, car j'ai déjà expédié le baron vers Paris pour préparer nos quartiers d'hiver... je ne reste ici que pour assister au bonheur de deux amis (*regardant Beautrau et la comtesse*) qui sont nés l'un pour l'autre...

Leur tendant la main.

LE DUC, surpris.

Qu'est-ce que tout cela signifie?... Comment, comtesse, vous êtes aussi du complot... ça me passe... et cette scène...

LA COMTESSE.

A amené, vous le voyez, un dénouement qui est encore une surprise pour vous...

LE DUC, au chevalier.

Mon cher chevalier... nous ne sommes que des écoliers, en comparaison des femmes... Ce sont elles qui devraient régner sur nous!... l'obéissance ne serait jamais soupçonnée d'être servile, la galanterie la rendrait toujours noble et facile... Tenez, supprimons la loi salique et allons dîner.

FIN DE LA SURPRISE.

EN VENTE

CHEZ E. DENTU, LIBRAIRE-ÉDITEUR,

PALAIS-ROYAL, GALERIE D'ORLÉANS, 13.

IMP. DE L. TINTERLIN, RUE NEUVE-DES-BONS-ENFANTS, 3.

www.ingramcontent.com/pod-product-compliance
Lightning Source LLC
Chambersburg PA
CBHW072030080426
42733CB00010B/1844